マイノリティ・レポート

――「在日」だから見える?

玄善允

はじめに

世界の至るところでナショナリズムの沸騰が云々されている。とりわけ、日本とそれを取り巻く諸国のそれは、身近だからということもあって、この社会に生きる人々を不安と興奮に追いやるような気配がある。こうした状況は、日本で生まれ、そこで生きてきた在日外国人である私にとって、なかなかに厄介な事態である。それを解きほぐして、垣根を越えて理解しあう手立てを探りたい。

ところが生憎なことに、私はそうした状況を俯瞰して何かを言ったり書いたりできるような人間ではない。瑣末な日常の屈託をかこちながら、なんとか暮らしている。そうした「普通」の庶民、しかし、「よそ者」である庶民にとってのこの社会、その取るに足りない細部を執拗に書くことで、この社会を理解し、かつよく生きたいというのが、本書を成すエッセーである。

第一部は地域の生活での繁忙と屈託、第二部はマスメディアと庶民との関係、そしてそこで顔を覗かせる古くて新しい情動の様態について記している。

国籍がどうであれ、私たちはこの社会に暮らしている。様々な偏見や悪意や利害、さらには、善意が入り乱れた関係の世界に生きている。そうした実態を認めること、そこから共に生きる人間としての共感の可能性を探ること、それが本書の目的である。

マイノリティー・レポート――「在日」だから見える？

目次

第1部

minority report

草の根民主主義？保守主義？世間主義？

在日朝鮮人二世である私にとって、属性を離れた人間の融合の可能性はたしかに一つの夢でありはしても、その一方で、自分としては属性を離れて生きることは「裏切り」であり、してはならないこと、できないことと思わざるを得なかったからである。

第一章 住民の連帯とよそ者の孤独

ことのおこり

一年間、我が家の近隣地域の自治会会長を仰せつかった。端から承知の上だったとは言え、いざやってみると予想を超える難儀に苦しみ、たった一年のことなので恥ずかしい限りなのだが、任期切れ寸前にはほとんど青息吐息。ようやく任を離れることになって、やれやれなのだが、せっかくこれだけ苦労したのだから、その経験を少しでも今後の肥やしにしないと勘定が合わない。というわけで、自治会、或いは「草の根民主主義？」の話なのだが、そこに現代日本のある断層面が見えはしないかと。

さて今しがた、仰せつかったと書いたが、押しつけられた、これが当時の本音であった。ところが、そう言い切ってしまうとこれまた嘘になりそうな後ろめたさもあった。

例え押しつけられても、イヤなら拒否すればいいのだから、何故、拒否しなかったのか、できなかったのか、ということから話を起こさねばなるまい。当人としては、被害妄想を払拭できないのだが、それは自己合理化の所産かもしれない。何であれ、もっぱら他律的に人が動くわけもないから。

我が地域社会

とはいえ、先ずは他律的な側面を語って、被害妄想の内実を明らかにしておきたい。

私が所属している自治会は、約二〇〇戸を一六の班に分割し、各班には班長が一人、そして二つないし三つの班から一人の運営委員を選出し、総勢七名で運営委員会が構成されている。そしてその中から、会長一名、副会長二名、書記、会計、広報各一名が互選される。班によって、運営委員の選出方法は異なるようだが、だいたいは班長と同じく持ち回りとなっている。二班で一人の運営委員の場合、隔年ごとに班の持ち回り、また、各班では一軒ずつ順番に、という具合。こうしてピラミッド型の組織図ができあがる。会長から運営委員、運営委員から班長へ、班長から各会員へ、またその逆にと、情報や仕事が流れたり集約されたりする。

というわけで、長い目で見れば特定の誰かに過剰な負担がかかりそうもないから、その役回りを拒否される方は稀である。もしその気ならはじめから加入しないほうがさばさばしていい。それに、役回りを拒否してそれが受け入れられるというのは、よほどの事情がある場合に限られるからである。例えば、ご夫婦共に高齢で自分の身の回りの世話もままならないとなれば、その班の皆さんもその特殊事情を認めて、その班の皆さんで肩代わりすることを余儀なくされる。そうした特例に属さない場合は、やはり、脱会ということにならざるをえない。

そしてその脱会なのだが、さほどに不都合がありそうもないのだが、その例はごく稀なようである。おそらくは何だって右に倣え、それさえしておけば波風がたたないだろう、といった私たちに馴染みのメンタリティーが作用してのことだろう。それだけにまた、一旦退会の波が始まれば、なし崩し的な大波になることも十分にありうる。

ところで、若い所帯の場合はそうした伝統というかしきたりというか馴れ合いというか、ともかくそうしたものに「毒されて」いなくて、初めから入会しないという例も多そうなのだが、我が地域は比較的年齢が高い層が多く、また定住率が高いこともあってか、地域内にある社宅、高層分譲マンション、そして賃貸マンション群の居住者を除いて、加入率も高く、それなりにスムーズに運営されてきたといわねばならない。

因みに、一般に賃貸マンションの居住者の場合、在住期間が相対的に短いこともあって地域に関心が低い。当然、自治会への加入率も低く、たとえ加入していたとしても、大家さんが一括して会費を支払いはするが、その代わりに、あらゆる役を免除されるといったように、名目だけになることが多い。また、分譲マンションの場合、独自の管理組合、さらには自治会を構成している場合が多く、地域の自治会からは独立するのが普通である。とりわけ我が地区の高層分譲マンション群に関しては、その建設に際して、地区の住民が自治会共々に猛烈な反対運動を行ったという経緯が後を引いて、ほとんど没交渉になっている。

というわけで一応はスムーズなはずの我が自治会なのだが、一つだけ例外的に大きな問題をかかえている。会長の選任の問題である。なり手がないのである。もちろん、仕事が圧倒的にそこに集中するという先入観の故なのだが、実際にどの程度の仕事があるのか知悉した上で、それを避けるというわけでもなく、なんだって長ともなれば、責任なども大きくなるだろうから逃げるが勝ち、という雰囲気があってのことだろう。

そこで当然のごとく、運営委員間の互選の際に紛糾が生じる。と言うより、沈黙を巧みに挟んで、擦り付けあいということになりがちである。下手をすれば、沈黙合戦に数時間かけてなおかつ持ち越しになったりもする。

そういう事態を避けるために、任期満了による引継ぎに先立って、旧年度の運営委員達による根回しがなされる。新年度の運営委員のリストが上がってきた時点で、物色する。例えば、隠退して時間の余裕のありそうな人、それも拒否しそうにない人に白羽の矢が立つ。現代世界の通例にたがわず、この地域でも隣近所の付き合いは希薄になっているが、居住者の変動が比較的少ないから、居住者たちには互いに「勘」が育成されているわけである。

しかし、その根回しが功を奏さない場合が増えている。当然のごとく、先に述べたような沈黙合戦が繰り返されることになる。それでも埒が明かない場合は、窮余の一策というわけで、籤引きに頼らざるを得ない。

実際、籤引きが慣例になっている自治会もある。比較的若い住人が多い地区、例えば若い所帯向けの分譲マンションの自治会など、ドライな方式が採用されていて、それなりに機能しているらしい。

抵抗むなしく

私が運営委員の役回りになった年度には、押しつけ、押し倒せそうな者が私一人しかいなかった。しかしだからといって、すんなりと引き受けたわけではない。もう一〇年以上も前のことだが、訳のわからないうちに副会長に祭り上げられ、しかもその翌年には、地区内の高層マンション建設反対運動の先頭に押し出され、あげくには、すこぶる痛い目にあったという苦い思い出もある（後に詳しく述べる）。

当然、この種のことはうんざりというわけで、一度は拒もうとしたのだが、それを押し通すことができなかったのである。

前年度の運営委員会から会長を引き受けるように懇請を受けて、散々迷った末に、会長互選の場に出ないことにした。顔を出して、とことん固辞する自信がなかったからでもある。ところが、その欠席を押し通すために、雲隠れするほどの意気地もなく、なんとなく在宅していた。すると、呼び出しの電話がかかってきた。居留守を使う知恵もなく、あえなく出頭要請に応じる羽目になった。ということはその時点で事は決していたことになるかもしれない。言いかえれば、見透かされていたということにもなる。この事実だけをもってしても、他律的に押し付けられたと言い張れそうにない。

重い足を引きずりながらいざ出頭してみると、当該年度と次年度の運営委員の皆さん、胸をなでおろした様子。しかし私は、宥められ、おだて上げられ、押し付けられるのは断じて御免蒙ると、頑な表情をしていたはずである。少なくとも、そのように努めていた。

現職の運営委員会の面々から、各役職の職務内容に関する説明を受けた。そして、本番、新規の運営委員同士で互選の話し合いに入るように求められた。

先ずは、選考の仕方を決めねばならないのだが、誰も何も言わない。予想通り、だんまり比べとなった。その中で男性が私一人ということもあったし、先にも記したが、私だけが役員経験者ということもあって、あたかもそれが当然であるかのように、私がリードする羽目になった。

そこで私は、一番「民主的」な方法だからと、籤引きを提案した。これさえ認められれば、私の回避作戦は成功。しかし、世間はそれほど甘くない。だんまりを決め込んでいたはずの女性軍から、突如として予期せぬ反対意見が続々と起こった。

先頭を切ったのが「誰にでも向き不向きがある」と、なるほどのご意見。それを受けて、いわば合いの手が。「そうそう、私ら何もできへんから」さらには、そうした雰囲気の変化に後押しされたのか、「病身で運営委員も今回は免除してもらおうと思っていたくらいで」などと仰る方まで。奥さん方、先の慎ましいというか湿しいというかのダンマリがまるで嘘のように、実に雄弁。

私は言葉を失った。個人的事情を持ち出すならば、私だってとうてい無理。ここ数年、公私ともに恐ろしく多忙で、殆ど常に留守状態。緊急の連絡や、細かく雑多な用事がひっきりなしの世話役などできるはずもない。ところが、そういう個人的事情を一言でも口に出そうものなら、同種の話が果てしなく続くこと請け合い。だからこそ、なんとしても私的事情を盾にしまいと心に決めていたし、そうした雰囲気にならないように用心していたのに、そうは問屋が卸さなかったのである。そのうえ、私は「いらっち」だから、この手の「いい訳合戦」には我慢できない。

沸き起こる苛立ちを抑えて新たな提案をせざるを得なかった。「各人ができそうな役に自分の名前を書き込んでください」と言った。つまり暗黙のうちに、会長は私が引き受けるという意味を含んでおり、提案とは名ばかり、降参したわけである。皆さん、その含意をしっかり受け止めたのか、一気に空気が柔かくなった。そこで私は間をおかず「もし、一つの役に複数の名前が記入された場合、じゃんけんで決め、負けた人は空白の役を引き受けることにしましょう」と付け加えた。すると皆さん、ますます緊張から解き放たれて、賑やかなおしゃべりが始まった。「いや、私なんにも知らんから、パソコンもよう使わんし」「いや、私もやわ、皆さんに迷惑ばっかりかけてしまいそうで。お金の勘定も苦手やし」

私の内心をさておいて言えば、こうして決着がついた。ちなみに、籤引きの功罪についての興味深い実例を聞かされたので、それを紹介しておく。

数年前に延々とした擦り付け合いの果てに、籤引きを余儀なくされた。そして貧乏籤を引き当てたのが、委員の中で一番若い所帯だった。親御さんが家を息子さん夫婦に引き渡して、他の地域に転出して隠居。しかも、その息子さん夫婦には二人目のお子さんが生まれたばかりだった。さあ大変、とその息子さんの家族、大慌てとなった。しかし、籤引きで選出と決めたあげくのことで、まさかその結果を拒否するわけにはいかない。そこで、親御さんのご登場となった。可愛い一人息子の家族の一大事とばかり、わざわざ住民票を元に戻してこの地域の住民に復帰され、会長職を引き受けられた。そればかりか、際立って責任感が強いお方だったのか、或いは、引退されて時間や精力をもてあましておられたのか、自治会創立以来の自治会史の作成に尽力されたのだという。これを聞いて、「親子の情愛」、或いはまた「日本人」というものに驚いたのは私の偏見のなせる業か。

記憶

私の言う被害妄想も丸っきりの「妄想」ではないという事がおわかり頂けたのではなかろうか。それと同時に、その妄想と微妙に絡み合った「私の何か」もまた垣間見えたかもしれない。例え嫌々であっても、こうした役回りは引き受けるべき、という感じかたが私のどこかに潜んでいた。近所づきあいという要素もあるがそれだけではない。

またしても、と辟易している方々の顔が浮かんできそうなのだが、私は在日朝鮮人である。何を話題にしても、ついつい「これ」が絡まる。殆ど偏執狂と呼ばれそうなのだが、私としては自分の生の様々な領域、局面で「このこと」が微妙に関係している、といった感触があるのだから、ひたすらご容赦をお願いするしかない。

幼い頃は、排除される予感に怯えながらも、隙間を縫って、この社会に紛れ込もうと努めていた。出自を隠し、さらには自分の生活のある部分（自分にとって愛しい家族や親戚との時空）を隠して、あたかも匿名の人間であるかのように振舞っていた。みんな仲良く、だって国籍なんて関係ない、人間みんな同じじゃない、というわけであった。そのコトバに孕まれた大きな嘘を実感していながらも、その嘘が現実であればどれほどいいことだろう、楽なことであろう、などと幻想にしがみ付いていた。いい子ちゃんぶって、たまには気を引くために、拗ねてみせたり。そんな僕でも受け入れて……。

しかし、思春期を経て、自我が目覚める。若かりし頃に襲われる一種の熱病と言ったほうがいいのかもしれない。それまでの自己隠蔽、自己欺瞞の反動もある。民族主義の洗礼を受けて、「民族的主体性」なるものを身に着ける。こうして、自らを積極的に「在日朝鮮人」として位置づけることで「正義」の武装をほどこした。差別し抑圧する日本の社会に対して、正義の己を対抗的に設定したわけである。私は朝鮮人だ、何が悪いねん、文句あんのんか、といったところか。しかもその際には大きな味方があった。抽象的な正義に加えて、同じ正義で武装した同じ境遇の仲間たちが。

ところがその後、もちろんそうした「麻疹」は去った。「仲間たち」も四散し、個々が己の人生を生きねばならなくなった。とは言え、その後遺症というか、振り子の両端の中間を取ったというわけなのか、この社会に対して、原理的な対抗性を維持しながらも、一個の「市民」として生きることが可能なのか試してみたいと考えるに至った。先験的に私を異化する圧倒的な多数者で構成されたこの社会に己をさらし、例え市民として扱われなくとも、市民としての責任を負おう。あわよくば、その努力が認められて、徴付きの私でもそのまま受け入れてもらえるかもしれない。たとえ結果がどうであれ、ともかくその努力を放棄しないこと、それが生きる指標の一つになった。

といったように、誰も認知してくれているはずもない「市民」的自覚を無理やり自らに引き受けたわけだが、それがスムーズに運ぶわけもなく、何かと軋轢が生じたものだった。

もう一五年ほど前のことになるが、娘が通う中学校のＰＴＡの会長になってくれまいかという打診があった。決して余裕のある状況ではなかったが、ここ数年と比べればまだ少しは自由の利く身であったから、「前向きに考えて見ます、但し、一つ条件があるのですが、それを受け入れて貰えるなら」と返事した。声をかけてきた人とは面識があり、私の生き方をそれなりに理解してもらっている感触もあった。しばらくして、今度は面識がないけれど副会長と名乗る方から、またしても電話があった。「役員会で正式にお引き受け願いたいということになりました。ぜひともお願いいたします。つきましては、急で申し訳ございませんが、時間がおありでしたら、中学校においで願いたいのですが」と言う。

私は当然、提示しておいた条件が受け入れられたものと思い、それなら仕方ない、引き受けるか、と覚悟を決めながらも、その一方で、厄介な一年になるだろうなあと重い足を引きずりながら駆けつけた。招き入れられたのは校長室。役員達と校長が待ち受けていた。

雑音を奏でる

最初に声をかけてきた知人はおらず、私と面識がない方ばかりというせいもあって、皆さん緊張気味だったが、会長は「快諾ありがとうございます」と言い、それに合わせて一同、頭をお下げになった。校長もまた、「どうか一年、なにとぞよろしくお願いします」と挨拶を添えられた。こうして、事はスムーズに運ぶかに見えた。皆さん安堵の笑みを浮かべ、私も笑みを返した。ついつい周囲に合わせ、あげくは阿る習性が私には否みがたくあるようなのだ。和気藹々の雰囲気ができた。しかし、その一方で、やはり気になった。例の条件を確認しておかねば、と。その条件とは……

丁度、学校での日の丸掲揚、君が代斉唱の強制がかまびすしく話題になっていた頃だった。

私は日本国民でなく選挙権もない。その私が日本人総体の選択に対して、いちいち異論を提出するつもりはなかった。意見を求められたら、私は個人の資格で、持論は展開する。また、出自のゆえに侮辱されたり、損害を被れば、抗議し是正を求めるだろう。しかし、私の立場からの正義なり真理なりを盾にして、日本人に何かを「教え諭し」たり、強制したりするつもりはない。私は自己の権利を限定的に位置づけ、そうした条件を前提にこの国で生きることに決めていた。圧倒的な多数派である日本人に煙たがられたり、あげくは面倒を背負い込んだりするわけにはいかない。自分の生活を維持することで手一杯、少々のことなら眼をつぶって耐え、波風を立てず生きたい……

そんなわけだから、もし日本人が、或いは、ＰＴＡが総意で日の丸を掲揚し、「君が代」を歌うことに決めたのであれば、或いは、せめて、それについて議論するという手続きを踏むなら、私が反対する筋合いはなかった。民主主義といったものは日本の発明ではないだろうが、私はたまたまそれを日本で学び、それに頼りもしていたから、その理屈をあらゆる次元で実現すべく努めることに決めていたからである。だがしかし、私は「君が代」は歌わないだろうし、日の丸を仰ぎはしない。心の中で、日本のものであれ、韓国のものであれ、ナショナリズム総体に対しての私の違和感、嫌悪感を保持し続ける。少数者の内面の自由もまた民主主義の一部を構成するはずである。だから例えば、目をつぶり、演歌でも小声で、あるいは声を出さずに口ずさむだろう。しかし、そのことで周囲に迷惑をかけるつもりはなかった。それが私なりの「主体性」の発露であり、隣人達、つまり日本人への敬意の表現というわけであった。

しかし、PTAが全く議論もなしに、国家権力の強制に基づく学校側の立場をなし崩しに踏襲するなら、代表としてそれを受け入れるようなことはできるはずもなかった。ひょっとして異議を申し立てたいけれど黙っているかもしれない父母や教員、彼らに対する行政側の強制に加担することになる。それは断じて拒否する。そのつもりだった。

そこで、私の条件は、二段階構成になっていた。PTAでこの件について議論すること、そのうえで、その議論の内容と結果を全会員と学校側に明示することであった。

私は校長室で、その条件を蒸し返したのである。「ところで、私が先日お話した条件はどうなっていますか。議論はなされましたか」と切り出した。反応が曖昧なので、「日の丸と君が代について、父母で議論するという件ですが」と言葉を継いだ。そのとたんに、その部屋に気まずい空気が流れた。校長は顔を硬直させて、落ち着きをなくした。そして、「私はこの部屋を頼まれたものだからお貸しし、たまたま居合わせただけですから、今のお話は聞かなかったことに。用がありますので、お先に失礼します」と言ってそそくさと退室した。残された役員達も、無言のまま困惑しているようだった。それでもあえて、私は繰り返した。「せめて議論くらいはできるのでしょうか、その可能性が少しくらいは残されているのでしょうか」しかし、返答はなかった。無言の時間が流れた。私は仕方なく「どうも無駄足のようでした。皆さんにご迷惑をおかけしたようで申し訳ありません。失礼します」と言って席を立った。

これは必ずしも民族問題といったものではないだろうが、そう言い切ってしまうとそれもまた嘘になりそうである。そもそも、民族問題なるものが他の問題から独立して存在するわけもない。

私が在日朝鮮人であること、この事実を校長が、さらにはPTAの役員の皆さんが知らないはずはなかった。少なくとも、私に最初に声をかけてきた奥さん、彼女は小学校のPTAやその他、地域の様々な活動に積極的に関わっていて、私と同じ地区に住み、私についての一定の知識を持っていた。その知識には、私が韓国籍であることも当然含まれている。彼女は、その事実が障害にならないかを少しは危惧し、根回しの時点で、役員たちにも、その情報を詳らかにしたうえで協議したはずである。他方、中学校の校長は私の名を聞き、数少ない朝鮮人の生徒なのだから、娘を特定していたであろう。

私を会長に推薦することでPTAの役員が合意をみたのなら、その合意は当然、校長の同意も経ていたであろう。わざわざこの会議の場所を校長室にしたことがその傍証である。ということはつまり、朝鮮人がPTAの会長をすることに関しては、彼ら全員が許容していたということになる。

但し、その朝鮮人というのは、ある限定を付したそれであったようである。朝鮮人としての自己主張をしない朝鮮人、「白い朝鮮人」でなくてはならない、ということだったのだろう。奉仕精神を持ち、人前に出ることを厭わず、多数派の意見を鵜呑みにする似非日本人、或いは似非在日朝鮮人、それが許せる範囲だったのではなかろうか。

私は家族や友人たちとの関係を別にして、地域での付き合いその他では、穏健、親切、便利屋をモットーにしている。本人が思っているほどにそれが実践されているかどうか私自身に判断はつきかねるが、それは私の生来の性格的な弱さに加えて、この社会で生きていくうちに身に着けさせられたものである。その意味では、私は格好の「白い朝鮮人」に見えたのかもしれない。だからこそ人々は、私の「黒い」部分に想像を働かせはしなかったのであろう。私があえて、その「黒い」側面を条件提示の形で差し出していたのに、それを無視して、彼らにとって都合の良い「白い朝鮮人」像を私に振り当て、PTAの会長に仕立て上げようとしたのだが、最後になって私の「黒さ」に驚いて、その企画は頓挫したということなのでは。

要するに、雑音を立てない人間でなくてはならなかったのである。逆に言えば、朝鮮人であれ、日本人であれ、雑音を奏でる可能性を持つ人間は追放・削除・抹消する、という原則が根付いているのだろう。それも明示されるわけではなく、誰もそれについて語らなくとも誰もが習得しておかねばならない暗黙の了解、つまり「常識」というように。

それに対して、私は民族主義などとは全く関係なく、いつでも議論の可能性が開けた空間、それを求めている。それなくして、少数者は抑圧され疎外されかねない。ことさらに雑音を立てるつもりはなくても、人は時には仕方なく雑音を起こさねばならないときがある。そうした雑音を、そして、そうした雑音をたてる人をも受け入れる世界、それなくして私のような人間は生きにくいから、それをいたるところに求めている。

概ねこういったことが、先に述べた、対抗性を保持しながらもこの社会の様々な限定を受け入れて生きる、と言うことであった。

　というように、少数者、あるいは、徴付きの人間が、その徴が故に蒙ってきた経験によって備えるに至った対抗的意識を維持しながら、それでも多数者と共に生きるべく努めることはさほど容易な事ではない。その難儀さを証明する事例、あるいは経験は、数え切れないほどある。別に自慢ではないけれど。それに民族グループの内部にだって同じことが、それも身内意識に捕らわれるとより一層耐え切れなく感じられるほどにある。

住民の連帯とよそ者の孤独

　ついでに、先に小出しにしたまま放置していたいまひとつの事例を。これまた一五年ほど前のこと、我が家の近隣で高層マンション建設計画が持ち上がった。日照権その他の環境の悪化、地盤の沈下による財産の被害、工事に伴う安全確保などといった問題が取りざたされ、反対運動の機運が盛り上がった。地域が一致団結して建設断固反対という声が強くなり、私にもその運動に協力するようにとの懇請があった。それまでに地域の様々な取り組みに関わってきた経緯が作用したのだろう。しかし、私は大いに躊躇った。先ずは、我が家は直接の被害を受けそうになく、その意味では当事者の資格に問題があった。しかも、私が関わることが運動に不利をもたらしかねないという懸念があった。地域住民というレベルでは民族とか国籍など関係ないというのは、現実を知らない人の台詞である。そういうところでこそ、実に巧妙に「何か」が作用する。私が一枚噛めば、私が「在日」であることを盾にした運動切り崩しの工作が起こりうる。これは在日朝鮮人が逃れることのできない危惧でもある。

しかし、それまでの地域の諸活動で培われたつもりの連帯感もあった。再三の懇請を受けて、ついには受け入れた。但し、不安は大きかった。ひとつは勝利の可能性は極小で、そのうえ、仲間割れ、憎みあいで終わる予想もしないわけにはいかなかった。だからこそ、何があっても誰も憎むまい、裏方に徹して最後まで責任を負おう、と自らに言い聞かせつつ、決断を下したのである。

当初の景気のいい断固反対の掛け声とは裏腹で、この種の運動は脆い。建設業者にとって、建設計画の頓挫は会社の生死に関わる。人口と税収の減少に悩む行政は、環境の保全を標榜しながらも、実のところは住民の呼び寄せと税収の増加を狙って大規模工事を歓迎している。住民のほうは団結とは言っても、実際上は利害に大きな差があるから、熱意にも大きな差があり、業者との抜け駆けで利益をせしめる人がいるのではなどと、疑心暗鬼が拭えない。そうした裂け目に付込んで、最初は威勢のよかった人々も建設業者の為に暗躍する。というわけで、いざ運動が厳しくなってくると、政治家や地域の顔役が建次第に他人の後ろに身を隠すようになる。一方、私のほうは当初からそうした事態を予想し、計算に繰り込んだ上での「大決断」なのだから、自尊心も絡んで、態度を変えるわけにはいかない。裏方に徹するという当初の意思に反して前面に押しやられる。役所への陳情、相手側との交渉など、心身ともに疲労の極限が近づいてくる。運動の中核にも勝利の成算についての不安が、さらには嫌気が浮かび上がる。そして案の定、そうした局面に立ち至ると、建設業者は私を標的にし始めた。

大衆交渉の席などで、業者の代表が奇妙なことを口にしだした。「日本人なら理解できることを理解しない人がいるせいで、話がややこしくなって困ります。わたしたちだけなら、穏便に話はつくのに」

この地域にそれとして日本人ではなさそうな名前を名乗る住民は私たち家族だけだった。したがって、それは私と地域住民の分裂を狙った確信的な言葉に違いなかった。私はもちろん抗議したが、予想していた以上に、その抗議に同調してくれる住民はいなかった。それに味をしめたのか、今度は建設業者の下請けをしている強面の不動産業者が、民族差別的な言辞ばかりか、物理的な威圧を直接に私と私の家族に向けるに至り、家族の身の危険まで感じざるを得なかった。実際に、公衆の面前で襟首を締め上げられるということまであった。ところが、誰一人、私を助けようとする人はいなかった。それどころか、その場に居合わせた私たちの代表は「玄さんの言葉が過ぎたのでは」などと、私をたしなめるような口調まで漏らし、「敵側」の戦略に自ら進んで乗る始末であった。

地域の住民のなかで民族差別の直接の関係者は私と私の家族だけであった。それを黙認したという意味でなら、そこに居合わせた人々全員も関係者と言えないわけではないが、それほどまでに他人に厳格な何かを要求する気は私にはない。しかし、地域住民の為の運動が契機となり、その派生物として民族差別的な事件が起こった。業者側としては、建設計画が予定通りに進むことが最大の眼目であり、そのためにこそ、私に狙いが定められた。だから当然、私にかかわる民族差別の問題はこの地域住民の運動によってこそ解決が図られねばならない。言い換えれば、地域住民は私を守る義務がある、ということになる。理屈してはそうであるに違いない。しかし、私はその種の「正論」で日本人に対するつもりはなかった。それほどに日本人と言うものを信頼していないということにもなろうが。この種の問題（つまりは民族絡みの問題）となると、住民の多くが口を閉じ、身を隠す。あげくは、抗議する私を「ことさらに波風を立てたがる厄介者」とみなすであろう、と考えざるを得なかった。物心ついて以来、そうしたことを思い知らされて生きてきていた。

そこで、民族問題を私個人のものとして、マンション問題とは別に解決する道を探った。役所その他に赴き、問題の解決法を探ったが埒があかず、仕方なく、怖気を振り払い、子供たちの後学のためにもと、一家そろって先の不動産業者宅に赴いた。抗議し釈明を求めたところ、当初はまたもや威嚇に及んだが、テープレコーダーを持ち込んでいるこちらの覚悟が並大抵ではないと悟ったのだろう。何度目かの交渉の末に、ついには謝罪を勝ち取った。先方も、建設計画を推進するにはそのほうが好都合と判断したのだろう。

要求した確約書を受け取った。地域住民に暴力的な威圧、もしくはそう思われかねない言動は決してしません。外国人に対して、差別、もしくはそう思われかねない言動は決してしません、というのがこちらの要求であり、相手はしぶしぶながらもそれを受け入れた。

私はこの事件は個人的であると同時に地域全体のものと考え、その間の経緯を文書にして地域住民に配布した。それが地域の住民運動にも幸いすると考えてもいたからである。ところが、全く反響はなかったし、その後も、その間の経緯について口を開く人は皆無だった。「私の仲間たち」は私たち一家を完全に孤立させることによって、「敵側」の戦略にまんまと乗ってしまった。その後、反対運動は見事に切り崩され、急速に瓦解した。なによりも、私のようなややこしい人と関わりにはなりたくない、といったところなのであろう。彼らにとって本当の敵は、彼らにとっての「私たち」の平穏をかき乱す「よそ者である私」というわけである。同じ社会に生きる市民としての義務と責任を果たそうとする意志と努力は、こうした冷たい暗黙の了解によって見事な成果を得たわけである。

こうした体験をもってしてただちに、日本人はすべて差別主義者などと言い募るつもりはない。また、こうした人々の挙動が日本に特有のものだなどと言うつもりもない。人間どこでも身を守るためにいろんなことをするに違いない。例えば、反対運動に膿みつかれ、そこに幸いなことに、民族差別といったややこしい問題が発生して、身を引く機会が生じた、といったところなのかもしれない。しかし、それは少数者をひどく傷つけると同時に、この社会の溝を温存する。こうした出来事において、この社会が備えるいまひとつの姿が顔をのぞかせる。

なのに今度も、その種の「私の理屈」が通用しそうにない役を引き受けるに至った。性懲りない奴と言われても返す言葉がない。しかし、これを潔いと言おうと、いい加減な奴と言おうと、人間の決意というものは、さほど明確な根拠がない場合が多い。或いは、自分で根拠と思っていたことが、後でよくよく考えてみれば、大変な誤解であったり、といったこともある。先に決意ありきで、その決意を実行に移しているうちに、かえってその動機が明らかになっていく。

この場合もしかり。私がこういう面倒な役を引き受けるに至ったのは何故か、それが引き受けた仕事に翻弄され、後悔に苦しみつつ自己と対話を余儀なくされるうちに、次第に明確になってきた。

先にも述べたことと重なるだろうが、「市民」、「社会」、「個人」、或いはそれらと関連した責任の捉え方についての私特有の何か。

例えば、市民とは何か。市民として扱われてこなかったせいなのだろうが、市民というコトバに、私は一般の日本人と異なった感じ方、あえて言えば、執着のようなものがある。これまた私の「在日的屈折」のもたらしたものなのだろう。

第二章　怨恨と認知の願望

世間

私が思うに、この社会には三つの層がある。私の関心に引き寄せて言えば、差別を受ける場には三つのレベルがある。

先ずは個人のレベル。ここでの差別なら、個人の意地や力で片はつく。「なめてんのんか、お前、俺とやってみる度胸はあるんか」あるいは、どう見ても勝てそうにない場合は、泣き寝入り。怨恨を胸に秘めて、いつの日か復讐を心に誓う。日本人ならば誰だっていい、とりわけ弱い奴を選んで、となる。運悪く、その腹いせを向けられた日本人は誠にお気の毒なのだが、しかしその人もまた、黙っているはずがない。おそらくは集団の加勢を受けて、今度は朝鮮人総体、あるいは特定の弱そうな朝鮮人を生贄に、といったことになるだろう。

それと対蹠なのが、社会のレベル。これは行政や、会社といったように、いわゆる社会的責任をそれなりに謡うことを余儀なくされる公共の領域。そこでは歴史的責任や正義や真理や個人の尊厳という言葉や理想自体をあからさまに否定するわけにはいかない。しかし、その実態はと言えば数々の矛盾を抱えているから、そこを突いて法的な手段に訴えたり、集団的示威、あるいは、メディアを利用してのキャンペーンによって、その是正を求めることができる。少なくともそうした公共性を謳う組織、集団は、批判に対して社会の「表の常識」、つまりは人権尊重の原則に則って公的に答える責任がある。だからこそ、この領域では、日本経済の成長、それに伴う社会の余裕或いは成熟につれて、差別の解消は相当に進んだ。少なくとも私が幼い頃、はたまた青年時代でさえも想像できなかったほどに。

一般に話題になるのは上記の二つなのだろうが、私の考えでは、両者の間に今ひとつ、曖昧な言い方だが、「世間」のレベルというものがある。集団の陰に隠れて個人の悪意や偏見が垂れ流されて、あげくはそれが常識とされる領域。こうした場での差別的な事象に対処するのは難しい。公私が入り乱れて、責任を負う主体がない。しかも、暗黙の了解が支配している。その場の特殊性、その場や地域の伝統その他、近所のよしみやそれに似たあれこれといった曖昧かつ抑圧的な何かが働き、言葉を押しとどめる。社会的な公準はそこでは有言無実となりやすい。つまりは、密室的な要素がある。その一方で、そこにも、国家やその社会がひそかに隠し持つ「何か」が浸透し、根強く生きている。

さらにはまた、そこでは個人の弱さやエゴが臆面もなく露出する。何が起こっても、甚だしい利害の対立さえなければ、見て見ぬふりを余儀なくされる。何かを問題にすれば、その「言いだしっぺ」が孤立に追いやられながら責任を負わねばならず、誰だって、目を覆い、避けて通りたくなる。こういうところでは大きな変革といったものが起こりにくい。

というわけで、歴史が沈殿し、時に大きな力を発揮する領域である。この世間の領域が公的な領域を侵食し圧倒し、あげくはそれに取って代わる場合さえある。そうした危機状況では、あらゆる正義や真理や論理は居場所を失い、黴付きの人間は抹殺されかねない。

世にいろんな市民運動が形を成し、実効性を備えるに至って、既に四〇年以上になろうか。大組織がすべてを集約し、決定するような社会は、大きな何かが漏れ落ちるばかりか、息苦しい。そこで、制度や組織にとらわれることを拒否し、個人として、自らの思考や夢を実現するために人々は集った。彼、彼女は属性から脱して自由であり、希望や夢の絆によって様々な個人の融和が可能である。そうした運動体が次々と細胞分裂しながら増殖していき、社会の風通しがよくなる。とは言え、そうした運動体は祝祭的な性格を持ち、特定の時空に限られがちである。

ひとたび日常に戻ると、人間は属性にまみれ、それに縛られて生きざるをえない。それが「世間」の領域である。家族に始まり、親族血縁の関係、地域の結合（例えば、ムラ的関係が最もわかりやすそうであるが、その延長での町内会とか同窓会とか、その他諸々）、さらには様々な党派、そして実は、先に挙げた公共性の領域の組織もまた、この世間性を抱えている。

例えば、先に会社その他の様々な組織は公共の領域と書いたが、実はそこにも二面性がある。外に向けての公共性、内部での世間性。内部においても開かれた公共性を維持できている組織はそうは多くない。

そうした世間性が支配的なところでは、内輪での利害調整は可能だとしても、それはあくまで内輪での利益配分その他に限定され、社会に開かれた整合性を持つことは少ない。しかも、それだからこそ、調整が済んだはずの内輪にも、多くの矛盾や抑圧的側面を抱え持つことになる。

市民運動的な視点、志向は、この領域には届きにくい。しかし、市民運動的な志向はこの世間性の領域でこそ試され、生かされるべきではないか、これがずっと以前からの私の漠とした「勘」で、若かりし頃に抱いた「草の根民主主義」の夢の成れの果てといったところなのだろう。というのも、在日朝鮮人二世である私にとって、属性を離れた人間の融合の可能性はたしかに一つの夢でありはしても、その一方で、自分としては属性を離れて生きることは「裏切り」であり、してはならないこと、できないことと思わざるを得なかったからである。

それにまた、差別というものは先にも述べたように三つのレベルがあるが、余程に専制の嵐が吹いている時代は別として、平時に個人にとって最も打撃となるのは、公共のレベルでも個人のレベルでもなく、第三の領域でのそれである、というのが私の信憑だったからでもある。というわけで、見果てぬ夢とは思いながらも、その枯れかけた夢に縛られている、ということになろうか。

しかも今ひとつ、記憶に根付いた怨恨のようなものが私の性懲りもない選択の後押しをしたようである。

怨恨と認知の願望

私がまだ幼い頃、我が家は朝鮮人が殆どいない集落に位置していた。周辺には朝鮮人だけの集落もあったし、朝鮮人が半数ぐらいを占めそうな集落、そしてわが集落と同じく、朝鮮人は皆無と思われる集落もあった。がともかく、我が家はその集落でただ二軒だけの朝鮮人家庭の片割れであった。

さて、朝鮮人が集住していた他の地域がどうなっていたかは知る由もないが、我が家は町内会の会員だった。そして、まさか役員にはなれなくても、順回りの班長の役は果たさなければならなかった。父は家内工業の「親方」の常、いつだってすごく忙しく、母も家事に加えて工場の仕事と父に劣らず忙しい上に、日本語の読み書きができなかったから、町会の回覧板その他の連絡を読んだり、町会費を集めに回ったりする役は子供である私たちが仰せつかっていた。

それは、幼いながらに両親の手助けができると言う意味では、それなりに誇らしかったが、その一方で面倒な仕事だった。自分のものになるなら話は別だろうが、人からお金を徴収するのはいつだって楽しい仕事ではないものなのだが、それにとどまらなかった。

町会費を集めに回ると、朝鮮人の子倅の手に触れるのも汚らわしいという訳なのか、私の開いた小さな手に、面倒くさそうに硬貨を落とす「おっさん達」がいた。まるで「乞食」に嫌々ながら施しでもするかのようだった。しかも、その類のおっさん、おばはん達がたいてい町会の世話役、あるいはその奥方連だった。彼ら彼女らも父に対してはさすがにそれほど露骨な態度は取らなかったが、その身代わりというわけか、母や私たち子供、つまり「女子供」に対しては、差別感情をこれ見よがし、あるいはそれとなく示したものだった。

永年住んでその地域にすっかり馴染みながらも、その「いじめ」「意地悪」に時には「切れて」しまった母が、おっさんに食い下がる姿を間近で見たこともある。その母の怒り狂う姿を恥ずかしく思った親不孝者という後ろめたさと共に、苦く思い出される。また、町会の花見などから帰って来るや否や、涙を流しながら、あの米屋のおっさん、などと興奮冷めやらずぶつくさ呟き、挙句は、ずいぶん遅れて、それも相当に酔っ払って帰ってきた父に、「何を言われても、酒飲んでへらへら笑ってばっかりしとやんと、あんな連中にはきつい言葉でも返して」と、なるほど一理あるとしても、やはり八つ当たりには変わりがない母の姿もまた、記憶に残っている。

尤も、近隣の日本人のすべてがそんな人であったはずもない。意地悪番付の大関で町会の顔役でもあった「米屋のおっさん」の親戚に当たり、米屋の向かいで店を開いていた酒屋のおじいさんとその家族などはむしろ、「ぼく、かしこいな、がんばりや」と言いつつ、会費を丁寧に渡してくれるばかりか、そのついでにお菓子をくれたりすることもあった。

というように、いつだってどこだって人間いろいろなのだが、悔しい思いをさせるおっさん達の目つき、言葉つきから日常的に逃れるわけにはいかなかった。その筆頭が米屋の向こう隣の自転車屋のおっさんで、その二番手が先にも述べた米屋だった。二人とも我が家の数軒先で店を開いていて、家を出ると殆ど毎日、店先で客を待っているそのおっさんたちと顔を合わせざるを得ず、その悪意と侮蔑がこもった表情はいつでも判で押したように変わらなかった。しかしそれも私が大きくなり、中学生くらいになると弱まった。おそらくは相手が、私を「女子供」ではなくなったと認めたからであろう。と言うことは、一方では朝鮮人の「女子供」に対しては相変わらず同じような態度を押し通していたのだろう。いづれにしても、彼らが「女子供」でなくなった私に対しても、好意の表情を示したことはない。

それにしても不思議なのは、あのおっさんたちは、なぜ「お得意さん」の我が家にあんな仕打ちができたのか。我が家には親戚や父の工場で働く職人さんたち、さらには「同胞の二つの組織」の人たちが頻繁に出入りし、そのつど食事も共にすることが多かった。それに子沢山でもあったから、米の消費量は凄かった。だから、その米屋からすれば上得意だったはずで、その上、向こう三軒両隣の間柄なのに、彼は何故あんな態度を取り続けたのだろう。それも一人だけならそのおっさんの性格に帰すこともできるのだが、複数なのだから、そうもいかない。特別に意地悪なおっさんが、類は類を呼ぶと言うわけで、群れを成していたのだろうか。だがしかし、彼らは商売人で、そんな意地の悪い商売人の商いが繁盛するはずがないのでは……。

しかも、さらに不思議なのは、あんな仕打ちを受け続けながら、母がその米屋から米を買い続けたことである。当時まだあったはずの、「米の通帳制度或いは配給制度の名残」のようなものによって拘束され、その米屋でしか米を買えなかったのだろうか。或いは、あの意地悪にもかかわらず、「近所の誼」を裏切ることは人間の道を外れるとでも考えて我慢、許容していたのか。それほどに近所や隣組の束縛が強かったのか。はたまた、それは母が「この世界、この社会」で生きるためには必須の忍従と諦めていたのか。

因みに言えば、あれから半世紀近い歳月を経た今でも、母はそのおっさんの商売を引き継いだ長男坊から米を買っている。その長男坊は私の一年上で同じ小学校、中学校に通っていたのに、私は彼と言葉を交わした記憶がない。

そうした記憶も作用しているのだろう。私は地域でそれなりの役を、それも「普通の人」以上に果たして、だれからも存在を認められることで、何かの折に生じかねない私に対する差別的な言動を抑止しようとしているのかもしれない。さらには、私ばかりか「徴付き」のすべての人が不快な目にあうことを防止しようとしているのかもしれない。それが私なりの怨恨の晴らし方というわけなのだろう。「お前らの意地悪に負けて、その反動でお前らのような下司にはならなかったぞ」と。但し、よくよく考えてみると、いらぬ厄介を勝手に引き受けて苦しむ懲りない夢想家を作り上げたのだから、彼らは意外と長期的展望に立って意地悪をしていたのかもしれず、私の負けとなるかもしれない。いやいや、ともかく私がそれを選んだに違いないのだから、勝ち負けの問題ではないのだろう。

既に述べたことと重なりそうなのだが、さらにひとつ。日本において権利はさておき義務を果たすことで共生に努めている「在日」のモデルを提供すべきといった、独り相撲の色が濃く、口にするのは面映い使命感もどきもあったようなのである。

大阪の朝鮮人集住地域などでは、いまだに朝鮮人が町会や自治会で役員、ましてや会長になるなど想像すらできない、といった話を聞く。小耳に挟んだ程度で、その真偽を調査したわけではないのだからいい加減な話なのだが、さもありなんという感じ方を私はする。そして同時に、その（つまりは差別の、というように私はついつい思ってしまうのだが）執拗さに、日本人、日本の社会ばかりか、人間というものにうんざりする。

多数の朝鮮人が長年にわたって住んでいる地域である。しかも、私が現在住んでいる新興の住宅地域などとは異なって、古い市街地域、いわゆる下町だから、いろんな領域で町会や自治会がはるかに密接に地域の世話役を果たし、近所付き合いもはるかに濃厚だろうに、何故に、というわけである。

もちろん、様々な理由があるだろう。たとえば、朝鮮人にとっては町会や自治会以上に日常的な関係が濃密な民族団体の末端組織が根を張っている。朝鮮人集住地域では、日本の自治会とそうした民族団体の末端とが入れ子状態になっている。しかし、交じり合うことはない。つまり、共生とはいい難く、蛸壺状態で同じ地域に混在している。このように言えば、朝鮮人は民族団体、日本人は町会もしくは自治会にというように、所属が明確に異なり、別々の情報網、別々の互助組織の中で生きているように思われかねないのだが、実はそうではない。そうではありえない。民族団体は行政組織ではないから、たとえ朝鮮人であれ、行政のサービスの一端はやはり、町会・自治会のラインに組み込まれないと受け取れない。民族団体は町会・自治会の完全な肩代わりはできないのである。したがって、本人が望もうと望むまいと、朝鮮人であれ、行政の一端としての町会・自治会に加入しているに違いない。なのに、その一員であるはずの町会・自治会で自らの意思を明らかにし、それを主導する権利は与えられていない、といった片手落ちの状況にあるのではなかろうか。

このあたり、調査でもしてみないと、実態など正確につかみようがない。しかし、調査以前に、そうした事態の原因は民族差別、ということに少なくとも現在の私の信憑ではなってしまう。

私のように地区内で全くの小数派なら鷹揚に構えておれるが、一定数を越えその地域や社会総体に対して対抗的になりうる少数者とは言えなくなった少数者、これは脅威である。そこで、中心からはなんとしても排除する、といった暗黙の了解が根付いているのではと、殆ど自動的に思ってしまうのである。というわけで、そうした現状に対して反措定たりうるモデルを提供する責任が私にはある、というようなことに。但し、こんなことを口にしたり記したりするのは、先にも述べたが、やましさが付きまとう。私が他人にモデルを提供できるような人間であるはずもない。そのことは私自身ばかりか、連れ合いを筆頭にして家族、友人、さらには私に教えられている学生たちまでもよく知っている。しかし、自治会その他の雑多な地域の役を次々と引き受けてきた理由を自分に問いかけてみると、生来の過剰に人間好きということを除けば、これまでに挙げた幾つかの要素が複合的に作用したとしか思えないのである。こうして異分子であるはずの私なのに、あたかも自ら好んでのように、日本の草の根民主主義というか、保守主義というか、「世間」の網の目に飛び込み、絡めとられてしまったというわけである。

自治会と網の目状組織

自治会とは言いつつも、実態がその名に値するのは希で、実のところ、行政の下働き的な側面が強い。それにまた、自治会と総称するのが一般的とは言え、実際の名称としては町会を名乗っている場合もあるし、自治会を名乗っていても、その下部単位は、組とか班とか呼ばれていて、その順繰りに回ってくる長の名称はもちろん班長ないしは組長となっているのだから、銃後の守りが云々されていたあの時代と変わりがないと言えそうである。

ただ、目立った違いがあるとすれば、強制力が甚だ弱くなっていることぐらいなものか。入会しなくても済むし、退会だって一応は自由なのだから。それだけでも大きな違いと考える向きもあるだろうが、しかし、既に戦後六〇年、それくらいの違いは違いとは言えない、民主主義の根幹足るべき住民自治というには恐ろしくお寒い現状、自治の名が泣きそう、と考えるのが普通ではなかろうか。それどころか、むしろ日本の「草の根保守主義」の基盤になっているのでは。その延長では、大会社とその下請け会社の鎖、政治家の後援会組織、そして、この町内会もしくは自治会、それに加えて、「地」の氏神様の奉賛会、こうしたものが日本の草の根保守主義、草の根ナショナリズムの四本柱を構成しているという印象さえ私にはある。

もしその印象が少しでもあたっているなら、そういうものから「私」は排除される運命にあるはず。それを重々承知しながら、そういうものにそっぽを向いて生きることができないところが、私なりの「在日的屈折」らしいことは既にしつこく述べてきたのだが、そればかりか、そういうところで翻弄されつつ学べることもあるかもしれないなどと、私はすこぶるウブ、それも懲りないウブのようなのである。が話を本筋に戻さねばなるまい。

自治会の仕事、それも役員の仕事には大別して二つある。単純な言い方をすれば、外向けの仕事と内向けの仕事。尤も、それをきっぱりと分けることができるはずもないのだが、話の便宜上、大まかな区別を立てて、先ずは「外向け」から。

繰り返しになるが、自治会は行政の下働きという側面が強い。但し、それは自治会に限られることではない。行政の下働きをしている組織は多種多様で、しかも相互に関係を持ち、網の目状に張り巡らされている。

但し、ついつい思われがちなのとは少し異なって、こうした網の目は必ずしも伝統の残存というわけではなく、むしろ住民の意向（ただし総意かどうかは微妙）と行政の思惑とが絡み合って作り直されてきた側面が強く、行政の人件費削減その他の「改革」の余波を受けて、今後、住民組織が行政の仕事の肩代わりを強いられる傾向が更に強まっていきそうである。要するに、自治会を含め、こうした網の目をなすさまざまな組織・団体は歴史を引きずりながらも、現代日本が作り出した何ものかなのであり、その姿は良くも悪しくも現在日本を映し出しているばかりか、今後も、草の根民主主義なのか、保守主義なのかはわからないが、ともかく草の根的な何かが温存されたり育ったりしていく場であり続けるのではなかろうか。

さて先ずは、地域で網の目を構成している組織・団体を列挙して見る。消防団、社会福祉委員会、防犯委員会、婦人会、老人会、青少年指導委員会、青少年対策委員会、子供会、体育振興会、小、中学校のＰＴＡ、そして自治会……実はこの外にもありそうなのだが、私がすべてを知っているわけもない。例えば、地域によっては「防火推進婦人の会？」だったか、そういうものまである。それにまた、民生委員、選挙管理委員といった行政と密接なつながりのある仕事も、実はこうした網の目の中での長年の関係で推薦され、殆どそのまま受け入れられるようになっているらしい。さらに言えば、かつては、役人や教員の天下りの一種であったらしい地域の公民館長なども、いまやこうした連合自治会その他における長年の功労が担保になって決められたりもしているそうである。

こうした多様な組織が地域ごとにあり、その各々の組織が一般には小学校或いは中学校の校区ごとにまとめられて連合体が構成され、さらには、市全体でその連合体が、といったようにして、ピラミッド型に。その先の府や県、そして国レベルでも同じようなことになっているのかどうか、私は詳しくは知らないので、ここでひとまずストップ。

そうした組織は縦のつながりだけではなく、横の連携も密に保っており、さまざまな取り組みやイベントで協力し合う。例えば、地区単位で催される市民体育祭の場合には、主に体育振興会が中核となって事務局を作り、関連自治会その他の組織の長が実行委員に名前を連ね、連合自治会長が実行委員長、体育振興会会長が事務局長といった形で全体の指揮をとり、その傘下には先に挙げた組織のほとんど全てが収まる、といった具合。これには市からの補助金が交付されるのだが、それだけではもちろん不足するから、実行委員、とりわけ各自治会の会長が分担して地域の商店や企業や個人に賛助広告のお願いをして回り、資金不足を補う。といったように、言わば官民一体となっている。

しかも、組織の長や役職者は、しばしば重複していたりもする。例えば、私は単位自治会の会長であり、防犯委員であり、社会福祉委員でもあり、頭にしっかりと入っていないのだが、他にも何か肩書きがあったはず。そして先にも述べたように、様々なイベントにはその実行委員として名を連ねるばかりか、雑用係で駆り出されたりもする。市のイベント（夏祭りや、コンサート等）にも警備員その他の役で。また、地区の老人会、その老人会の連合体の催しにも来賓として招待され、常には無理でも、時には参加しないわけにはいかない。でないと、自治会は老人を見下しているのではといった苦情、不平が……。

というように、会議やイベントだけでも大変な数である。お金を稼ぐために働きに出ないでおれない人間にとってはそれこそ無理というもの。退職者、金利生活者、或いは、主婦の類？（こういう言い方をすると叱られそうなのだが、昼でも居住地域を離れないでおれるという意味）でないと担いがたい。一度経験した人なら誰もがそのように言う。

因みに、その主婦なのだが、彼女たちが自治会の会長というのはすごく少ない。いまだにこの種の領域では、男性中心の考えが支配的だからか。自治会の役員でも、実際は奥さんが全ての用務を引き受けながらも、名簿上の役員名としては旦那さんのそれが挙げられていたりもする。

こうした役にいったん就いて、仕事をこなしているうちに見込まれでもしたら、再任に加えて、更なる要職に就くように求められたりする。本人としては、せめて任期だけはとぎりぎりの努力をしていただけで、もうこれ以上は到底無理だと固辞しても、人が足りない実態を知り、仕事を分かち合った一年二年の後では、人情もあって再三の要請を無下にはできない。そこで役職者はしばしば留任となり、仲間意識といったものも醸成され、次第にそのお仲間たちが中心を占めるようになる。仕事の性質上、そうした面倒な役を何年も引き受けるような奇特な人は多くないから新規参入者が少なく、世代的にも退職世代、つまり「老人」いうことになりがちである。

というわけで、端から見れば、その老人グループが恣意的に地域を動かしているかに見えたりもする。たまたま動員されてイベントや会議に出てみると、その「ボスグループ」によって仕切られている雰囲気に圧倒され、顎でこき使われているといった感じまで。そうした事情があいまって、特定のグループによる「ボス支配」が云々されたりもする。

しかし、その「ボス」支配の本丸に地域の代表として闖入してきた新参者には事態は少し複雑である。一回きりなら、部外者的な印象を盾に逃げを打つということもできるが、少なくともその本丸に一年は関わって、「ボスたち」と仕事を共にしなければならないとなれば、そうはいかない。見様見真似で下働きをしているうちに、外からの印象とは異なって、そのいわゆる「ボス」たちが大変な仕事を、効率的にこなしていることが見えてきたりする。

「ボス」と呼ばれる人たちは、社会経験、この種の仕事で培われた人間関係、そして予想以上の市民感覚と責任感、そういうものを駆使して、誠実に働いている。身を粉にした無償のボランティアである、と感心することも多い。それと対照的に、住民として当然の協力も惜しんで、「おいしいとこ取りをしていながら文句ばっかり」の一般住民の無責任といった状況も見えてくる。こうして、むしろ「ボス」たちに、さらには、その「ボス」たちの末席で右往左往している己に「同情」するまでに。

しかしながらその一方で、新参者としては既に出来上がったノウハウ、その前提になっている暗黙の了解が分からないままに動かねばならないことも多いから、部外者的な視線がすっかり消えてしまったわけではなく、時には運営の仕方に批判的になったりする。ところが、それを口に出そうものなら、その言葉の責任を負わねばならず、既に長年にわたって蓄積されてきた努力に水を差すことになり、数々の軋轢を招きよせる懸念も否めず、往々にして口を噤むことになる。

「地」の歴史、その拘束

とりわけ、代々の「地の人」たちに関連した事柄、例えば土地の氏神様や、地元の政治家が絡んだ場合、面倒になりそうで、よほどの覚悟がなければ嘴を挟めそうにない。

例えば、こういう人がいる。地元の小、中学校を出て、地元で商売をし、地元の学校に子供を通わせている。一生涯同じ場所で暮らせるなんて、なんて幸せな人、とは思うが、珍しい事例とは言えない。その人が子供のＰＴＡがらみで活躍し、ＰＴＡや防犯やさらには連合自治会などの仕事に深く関わり、地域の祭や運動会その他の行事の中核として活躍してきた。幸せに加えて立派な人と言わねばなるまい。

その後、そうした業績も与かってのことか、市会議員に立候補し当選する。立候補に先立って、事業として営んできた警備会社は妻の名義とした。こうなれば、幸せで立派で、しかも、成功者と仰ぎ見たくなる。

だがここで、既に多少のひっかかりは否めない。地域での活動は売名ではなかったのか、と。しかし、そのこと自体を非難するのは難しい。地域の運動の経験が彼を政治に押しやったのかもしれず、そうであれば、地域の問題を政治に活かすという志の実現に他ならず、むしろ褒められるべき筋合いであろう。それに、彼が地域に貢献してきたことは間違いのないところで、文句は付け難い。

しかし、次のような段階に至るとどうだろうか。地域の諸団体が交渉に関係した（つまり彼もその一員として関わった）土木工事に際して、彼の妻の警備会社が仕事を次々と請け負う。

一般的に土木工事があると、関係所帯ならびに関連自治会に連絡が入る。説明会、あるいは事前交渉の申し入れである。規模が大きければ連合自治会への申し入れとなる。一時は地域の安全や環境保護を盾にした反対運動も多かったが、今や、景気の落ち込みや行政の意向もあって、工事中止を求める反対運動は難しく、せいぜいが、住民の安全を守る為の交渉くらいなもの。例えば、トラックの進入路を指定、限定するとか、随所に警備員を配置することを要求するとか。そしてその交渉役に、連合自治会その他が当たるのだが、そこに先の市会議員さんが一枚噛んでいる。子ども会や防犯委員会を中心にして子供を守るネットワークといったものが形成されており、その会長さんの資格で。これ自体はだから筋が通っている。

さて、施工業者は、地域の同意を取り付ける必要があるから、よほどに法外な要求でなければそれを飲む。警備員の数などもそこに当然含まれている。そして、要求された警備をその市会議員の（奥さんの）会社に依頼する。従って、地域の要求が厳しければ厳しいほど、その会社には仕事が舞い込み、潤う。

私の見るところ、この地域で連合自治会が交渉を請け持った工事関連の警備の全てがその会社に委ねられている。ここには不正の臭いがしはしまいか。例え法律に抵触しないとしても道義上はどうなのか。事情を知っている人々は疑問に思わざるをえないだろう。汚職とまではいかなくとも、利益誘導の嫌疑がある。ところが、それが問題化したという話を聞かない。この地域に競争相手が他にいないから仕方ないと言っても、やはり釈然としないと思うのが普通だろう。ひょっとして、陰では問題にしながらも、それを議員、あるいは警備会社への「貸し」くらいに考えて、その見返りを地域が受け取ろうといった

「清濁併せ呑む」判断が暗黙裡になされているのかもしれない。私がその本丸から「トンずら」してしまったから、よくはわからないのだが。

こういう事態に批判的な議論をするとなると、相当な面倒を背負い込むことになるだろう。この議員はいわば地域の「子」であり、地域に奉仕する「男」であり、地域の年寄りが「息子」扱いし、中年男たちが「弟」扱いできる存在であり、若者が「兄貴」扱いできるというわけで、「身内」なのである。これに「ケチ」をつけようものなら、はてさて……。

一般に民主主義的公正さを盾にするなら、当然問題になりそうなこうした事例、但し、日本の至る所で普通に起こっていそうな事例、それを専ら地域に損はなくむしろ益になっているといった理屈で推奨できるのだろうか。

といったように、ボスたちの本丸に入った新参者としては、自分が何をしているのかさえも正確に把握することもなく、仕事に追いまくられて、ほとんど悲鳴をあげたくなるほど。早く任期が終わることをただただ願いながら……というわけで、任期が終わると、やれやれ、もう二度とこんなことは願い下げ、となるのが人情というものだろう。

ただ先にも述べたように、そこで再任を引き受けざるをえない方もいらして、その方たちは次第に自らが進んで「ボス」になる。というのも、こうした仕事を継続していると、地域の問題が次々と見えてくる。あそこは車が危険だとか、不審者が目立ち、幼稚園児や小学生が危険だ。また、あそこは夜になると「少年、青年」の溜まり場になりそうでどうもよくない、この程度のことなら自分でもお役に立てることもあるのでは、といったように。こうして地域の保護者的なボランティアに一定の責任感、さら

には生きがいまで見出していく方もいらっしゃる

他方、一年で無事にお役御免となった方はと言えば、二度とこうした「クモの巣」にひっかからないように、用心して身を潜めることになる。こうして、その折角の経験が地域住民全体に蓄積・共有されるのは珍しい。

但し、その種の身を潜めることを決意した人の中には、そのしんどさが分かっているから、その後、全くの無関心を決め込めない人もいる。新たにお役に就いた人や、相変わらずクモの巣に引っかかったままの人たちに同情もあるから、影から支援の手を、ということも。但し、それが度を越して、頼りにされるとまたもやくもの巣の中に絡め取られかねないと、あくまでも用心用心というわけで、腰を引きつつ……。

その一方で、雄弁や沈黙によって、何であれともかく「長」の名を避ける戦いに勝利した人たちの場合はどうかと言えば、それで得をした、などとは思わないようである。そんな後ろめたさは他人事ということらしく、むしろ、役員として最善を尽くした自分に非協力的と見えた住民の身勝手さに対して、恨みつらみや優越意識を育んだりするようで、こういうところが人間の狡猾さというか逞しさというか、なかなか面白い。しかもそれで終わりとはならない。その後、お役御免となって、責任を負わなくても済む状況になるや、すぐさま消息通の役を一手に引き受けて、ボス支配や住民の身勝手さや隣近所の誼の重要性などについて長広舌。人間、何をしようとも、自己解釈次第で偉人にでも善人にでもなれるもののようである。

第三章　単位自治会の日常

以上は、単位自治会の外向けの仕事、つまり、他の自治会その他との連携、絡み合いの話だったが、各自治会の本来の仕事はむしろ会員相互の親睦、福利厚生、住民の安全の確保といったことであるに違いない。そこで、以下ではそうした内部の話に入りたい。この種の話は細かくてしかも雑多だから、相当に退屈になりそうだが、仕方ない。それが地域の世話役の仕事というものだし、日常の生活とは、そういう繁忙の中の倦怠、あるいはその逆に、倦怠の中の繁忙の積み重ねであるに違いない。

ゴミ収集

先ずは、地域の環境整備、住民の安全などの取り組みなのだが、取り組みという言葉は相当におこがましい。行政と住民の間で、いわば両者のメッセンジャー、或いは下請け業務と言ったほうがふさわしい。街灯の新設や補充、道路の舗装、信号や植栽の新設、手入れなどについては、自治会の会長名で行政に訴えると実現が早いという。

例えばこうである。街灯が切れていることに気づいた住民が、会長宅に直接、或いは班長を通じて連絡を入れる。その際に、電柱に記された所定の番号も合わせて連絡することになっているが、電柱にはいろんな記号や番号が記されていて、ややこしい。しかも、いくら周知を図っても事情に通じない人がいるもので、会長が現場に出向いて確認したうえで、市から予め配られている葉書に必要事項を書き込み、投函する。すると市が手配してくれる。道路の植栽などに関しても同様で、住民から公道への植栽の要望や、既にある植栽に野鳥が殺到しその糞の害がひどすぎるとか、視界の妨げになるからと、除去や整備の訴えがあると、これまた会長が市に直接出向いたり、電話で善処を頼んだりする。

また近頃厳しくなっているごみの分別回収。これも会長宅にコンテナやゴミ袋が届けられ、それを各戸、もしくは各班に配布する。分別は五種類、一般ゴミ、大型ゴミ、小型複雑ゴミ、資源ゴミ。そのうち、一般ゴミは毎週各戸が各自の責任で透明なゴミ袋に入れて自宅前に出す。但し、あまり奥まった家で回収車が入れないようなところでは、路地の角家の横に置くしかない。その場合、もちろん、その近くの家には了解を貰わねばならず、御近所お互い様といった関係がぜひとも必要になる。その他は、基本的に各班単位で、定められた曜日の朝早くから、班長が所定の場所に（普通は自宅前）コンテナを置き、その班の方々はそこに指定のゴミを収める。但し、大型ゴミは各人の家の前に置いても回収される。というわけで、コンテナは、現在、小型複雑ごみ用、資源ごみ缶用、資源ごみガラス（瓶）用の三種類、それを班長が管理する。例えば、回収作業後は、時には洗った後で、小さく閉じて（組み立て式になっている）保管する。これは各戸毎の回収と比べて手間が相当に軽減されるから、市から協力お礼金が自治会に支給される。これだけを見れば、行政と住民との協力関係がスムーズに運んでいるかのようであるが、実は大きな問題を孕んでいる。住民全員が自治会に加入しているわけではないからである。

自治会の会員でない場合、すべからく各戸が自らの責任で行わねばならず面倒そうだが、その反面、隣近所に気を遣う必要がなく自分の都合に合わせてできるから、気楽である。ところが市からすれば、回収に手間取り、経費もかかる。しかし、自治会への加入を強制するわけにも行かず、ジレンマに陥っている。しかも、そうした例は自治会の会員から見ても、不公平感がある。行政に協力している住民と、わが道を行く住民との間で、行政のサービスに差がないとすれば、わざわざ自治会費を払い、順番ではあっても必ず担わねばならない面倒な仕事は一体何の為に、といったことになりがちである。

元に戻ってゴミ回収用のコンテナ、それは頑丈そうに見えるが、風雨や日光にさらされて数年経つと、劣化して使い物にならなくなる。その度に、当該班長から連絡が会長に来て、会長から市の担当部署に。ところが、市は個々の班長宅までは配布してくれず、会長宅までが限度とされており、そこで、家に届いたコンテナを会長がその班長宅までというように余分な手間をかけないといけない。

また先にも触れたように、地域で大規模な工事などが計画されたりすると、自治会、或いは連合自治会に説明会の開催の申し入れがある。そこで、安全や環境を守るための細かい交渉が必要で、こうなると素人では対処できない場合が多く、連合自治会その他の、この種の事情に詳しい古強者の協力が不可欠である。

情報の共有：「回覧板」

行政や関係諸団体のパンフや便り、さらには管轄の派出所の防犯便りといったように多種多様な印刷物を自治会は住民に配布しなくてはならない。公民館で開かれる連合自治会の月例会議に会長が参加した際に受け取ったり、別の日に公民館に受け取りに行ったり、あるいは会長宅に郵送で直接届けられたりする。会長は単位自治会の月例の運営委員会の際にそれを持参し、運営委員の助けを借りて、班長全員に届くように取り計らう。また、掲示物は会長が担当の委員まで届ける決まりになっているが、二重手間だからと、会長自らが掲示板に貼り付けることも多い。

こうした定期的なもの以外にも、文書の回覧や配布の依頼が会長宅に殺到する。例えば、障害者支援を名乗る団体からの回覧依頼が目立って多い。その多くは通信販売もどきで、これは少々厄介である。この種のものをすべて回覧に付すとなると、先に述べた定期的なものも合わせて回覧文書はすこぶる嵩張ることになるだろう。限度を越えた多量の情報は受け手に情報への関心を喪失させ、回覧の意味がなくなりかねない。

しかも、この種の団体、胡散臭く感じられるものもある。そればかりか、物品販売となると、その回覧を許可した自治会の責任問題になる懸念もある。例えば、自治会が回覧を許可したのだから、その製品の質やアフターケアーなどにも自治会が責任を持つべきものだなどと、主張する御仁が出てくれば、なるほどその種の議論、理屈が通っていないとも言えないので、厄介である。そこで、その種の団体が本当に障害者の為に身を粉にして働いておられるのかもしれないし、それならば甚だ申し訳ないとは思いつつも、私が会長になってからは、一律、お断りすることにした。しかし、そのようにお伝えした後でも、ひっきりなしにその種の文書が大量に自宅に送り届けられたり、電話での依頼が後を絶たない。繰り返し事情を説明するのだが、時には、その説明の途中で捨て台詞を残して「がちゃん」と電話を切られたりして、まるで「押し売り」まがい。こうして胡散臭さという印象が定着する。良心的な団体はそれで大いに迷惑を蒙っておられるのだろう。悪貨は良貨を駆逐する例の一つであろうが、私としては他に対処の仕方が思い浮かばなかった。

このように、地域住民の努力で維持されている地域のネットワークを利用、言い換えれば「ただ乗り」する活動や団体が数多く、様々な署名活動の依頼もその一つである。歴史的に形成され、人々の努力で維持されてきたせっかくのネットワーク、いろんな情報や声が住民にいきわたり、心ある人がそれに反応すれば結構なことに違いないのだが、その「声」の趣旨をしっかり理解し、判断を下したうえで対応する住民がさして多いわけではなさそうなのである。自治会が回覧に付しているのだからとか、知っているどなたかが署名をしているのだからとかの理由で、右に倣え、といった傾向が強い。

因みに、赤十字や社会福祉協議会の賛助会員を募る際のノウハウの一つはそうした実態を利用することである。先ず、班長が率先して、寄付金額をリストに記したうえで回覧に回すと、集まり具合が格段によいから、班長さんたちにそのようにお願いしたりする。つまりは、先にも書いたような「右に倣え」が根深くあることを承知の上で、自治会はそれを言わば「悪用して」いるわけである。

だからこそ、情報の発信者あるいは「請負人」として自治会の運営委員会は責任がある。回覧や配布文書については、先ず運営委員会で議論したうえで回覧に付すか否かを決定すべき、と当初私は考えた。そして、実際に議論を試みたのだが、思うようにはいかなかった。議論の呼びかけに対しては、お得意の沈黙。それでいて、話が逸れてどうでもいいようなことになると、とたんに喧しい井戸端会議が始まり、果てしなく続く。まるで、議論を避けるために、つまりは責任を逃れるために、暗黙のうちに取り決められた戦術と思える程。そんなわけで、会長である私の一存で取捨選択せざるをえないということに。尤も、私の任期中には、大きく迷うような事例はあまりなくて幸いだったが、何気なく前年の記録を紐解いていると、例の「北の拉致被害者」に関する署名活動のことが報告されていた。それまで私はその事実を知らなかった。つまりは、私は委員になるまで、回覧文書を殆ど読んでいなかったわけで、褒められた話ではないし、他人を批判する資格などあるわけもない。

しかし、「拉致被害者救済のための署名」といった活動の片棒を担ぐことについて、はたして運営委員会で議論があったのだろうか。マスコミの扇動に乗って、あたかもそれが「常識」といった具合に、「政治的なもの」が紛れ込まされたのではないだろうか。私が問題にしているのは、あくまで議論がなされたのか否か、その上で判断がなされたのかどうかなのであって、結論の良し悪しなのではない。それに、私は在日朝鮮人だからといって、あの犯罪を正当化しようとするつもりなどない。どこの国の人間であれ、その人の意志に逆らってその人の人生を改変する権利は誰にもない、とりわけ、国家にはない、と考えている。誤解のないように、念のために。

ついでに言えば、当自治会の掲示板には、いつの頃からか、自衛隊の隊員募集のポスターが貼ってあり、定期的に張り替えてある様子。誰の手によるものか、また、誰の権限でそれが許可されたのか経緯を幾人かに尋ねてみたが、無駄骨だった。運営委員会でもその件を話題にしようと試みたが、反応はやはり無言。やっと口が開いたと思ったら、「うちの息子、仕事もしゃんとうろうろ。自衛隊にでも入ってくれたらと勧めているんやけど。できの悪い息子持ったら、親は大変。お父ちゃんに言うても、ほっとけ、それしか言えへん。亭主が亭主やと息子も息子で、私ひとりでやきもき」などと話があらぬ方向に。それ以上拘っても埒が明きそうになかった。それに、「在日である私」がこれを「必要以上」に問題にすると、面倒なことになりそうな懸念もあって、腰砕けとなった。悔やまれるが、こういうところに、私のどうしようもない性格的弱さと「在日的遠慮」との絡み合いが露呈する。そんな私が何かを変えることなど端から無理ということになる。しかも翻って考えてみれば、地域の住民もまた、こういう話に関わっては厄介を背負いかねないと、防衛的な沈黙を決め込んでいるのかもしれない。自分を省みれば、他人の内心にも少しは想像力が働くというわけである。

ところで、情報の共有化の最たる手段である回覧板なのだが、これが必ずしもスムーズに回るとは限らない。何処にだって横着な人はいるし、順めぐりの班長なのだから、その種の方にだって班長は回ってくる。そうなると、その班の方々に情報が届かなかったり、届いたとしてもあまりにも遅ればせになったりということもあって、不都合や誤解が生じ、不満の声が上がったりもする。「今年の役員さん方、さぼったはんのと違う?」などと耳元で囁かれて「がっくり」することも何度かあった。

その他の情報としては各戸配布の印刷物に加えて、住民の慶弔、とりわけ、お通夜、葬儀の連絡なのだが、これには時間の余裕がないので、緊急連絡網を使い、各班の班長を通じて全所帯に電話やメモで周知を図る。更には、お通夜や葬儀の受付には、会長を含めて、副会長たちも参列したり、何かとお手伝いをする。その際には、自治会旗を持参し、会場に掲げて存在を誇示?・する。

もう一つの情報手段には、年に数回発行する自治会便りがある。関係諸団体の役員のリストや連絡先、慶弔関係の記事に加えて、懸案の問題、例えば、工事、祭り、運動会その他の情報が記される。これの作成は書記の役割なのだが、我が運営委員会の書記、初めから「パソコンが使えないけどそれでもいいですか」との条件付きで、その際に私が思わず、「結構です、それは私がやりますから」と言ってしまった手前、その書記の役も実質上、一年間を通じて私が兼ねざるをえなかった。連合自治会の会議の報告、運営委員会の会議に際してのレジュメ、議事録、そして会報、年度末の活動報告、会計報告、活動方針、予算、これらのすべてを私が作成した。「私も、パソコンなんか」「私はこのところ、老母の介護で何もできません。すみませんけど、会長さん」「ほんま、ようやってくれはるから、助かります」これが万能の殺し文句。「ちょろこい」ものなのである、私は。いまさら言っても始まらないのだが、思い出すたびに自分が情けなく、愚痴が止まらなくなる、ご容赦を。

委託請負

赤十字社資募集、赤い羽根募金、社会福祉協議会の賛助会員募集、市の火災・交通事故共済の募集、市が主催共済するコンサートなどの宣伝・チケット販売。すべてお金が絡む。各団体や行政の委託を受けての下請け仕事である。回覧で募集し、班長が申込書とお金を集め、会長がそれを集約して、市役所に届ける。集めたお金の一部は、協力の礼金として自治会に戻ってくる。集めた金額の一割ぐらいだろうか。

因みに、わが自治会の会費は月三〇〇円、一年で三、六〇〇円になり、それに加えて、上記の「寄付」などのすべてに協力すれば、合わせて年間五、〇〇〇円を優に超える負担になる。自治会によっては、会員の金銭的負担の大きさと、その煩雑さを嫌って、共済以外は自治会の予算に予め定額の出費を繰り込んでおき、その度の金銭徴収という面倒を避けている場合もある。

原理的に言えば、そうした手法には問題がないわけではなかろう。各々の事業、例えば赤十字の社資募集に応じるかどうかは個人の選択に属するはずだから。しかし現実には、繰り返し述べているように、選択が機能していない。例年のこと、或いは、隣近所に歩調を合わせるという習慣、さらに或いは、これは「いいこと」だから拒否する理由もない、といった曖昧ながらこの社会を成立させてきた「常識」に則って、個々の「寄付」が継続されている。その「常識」自体を問題にする覚悟がなければ、自治会としても現実的な対応をせざるを得まい。予算案に繰り込み、それが総会で承認を受ければ、少なくとも形式的には遺漏がないはずである。

というわけで、むしろ倣うべきだ、と私は現実主義的に思った。しかし、私がそうした手法の可能性を知ったのは、事がすべて終わった後のことであった。そこで、次期の会長への引継ぎの際に、そうした情報をお伝えしたうえで、その採用を提案しておいたら、次年度はその提案をそのまま採用し実行しているようである。

といったように、毎年担当者が変わることの多いこうした仕事には引継ぎが極めて重要である。なのに、私の場合はとりわけ、会長に正式に選任される総会の頃に海外出張があったりと、重要な時期に引継ぎが不十分だったばかり、選択の余地、つまりは主体性を発揮する余地がわからないままに仕事に入ってしまい、何だって後追いの形を余儀なくされて、数々の余計な面倒を背負い込んだふしがある。つまりは、私の「下」にいる他の方々にも余計な迷惑をかけたということに他ならず、文句を言う筋合いはないのだが。

もう一つ。先にも少し触れたが、体育祭の賛助広告集め。参加者全員に配布するプログラムの片隅には籤引きの番号が記入されており、当日の昼食時に当たり番号が発表されるのだが、その景品にはなかなか豪勢なものも含まれていて、このイベントの一つの目玉になっている。それとは逆に、大きなスペースを取りながらもあまり見向きされないものが印刷されている。賛助金額に応じたスペースの広告である。その広告効果を信じている方はあまりいそうもなく、実態は近所の誼、或いは、地域の為を売り口上にした寄付の「強要?」なのだが、それを連合自治会で手分けして獲得しなくてはならないのである。

徒労続きの寄付集め

他人様から「ただ」でお金を頂くのは気安くできることではない。それにやはり地域の顔役的な人でないと難しい。そういう配慮も少しは働いたのであろう。新人である私、つまり我が自治会が割り当てられたのは、既に一度は応じてくれたことのある商店や会社や宗教法人や個人が二〇件あまり、前年の実績で言えば、一件につき二、〇〇〇円から三万円まで、総額一〇万円ほどである。但し、我が自治会の区域は殆ど完全な住宅街で、対象の商店や会社は殆どが他の地域に属する。しかも、数少ない我が地域内の商店であっても、私には面識のないところばかり。というわけで、そうした見ず知らずの商店や会社へお願いに出向かねばならない。いくら世間知らずの私でも、端から、たやすいことではないと察しがついていた。

その面倒さの予測に加えて、せめてこの仕事くらいは分担して貰わないと役員の面目もなかろうと考え、運営委員の皆さんにも寄付集めの分担をお願いした。応じてくれるのでは、と楽観してもいた。「いつも会長さんにおんぶに抱っこで申し訳ありません」という委員さん方の殺し文句を少しは真に受け、当てにしていたのである。ところが、いざその話を切り出すと、返ってきたのはいつもの沈黙。私はあっけに取られた。そして裏切られたという思いもこみ上げてきて、思わず「じゃあ、私が一手に引き受けるしかないようですね」と啖呵?を切る羽目に。とそのとき、私のついつい面に現われた不快感に後押しされたのか、一人のご婦人が、「このリストの内、一軒の美容院は懇意だから、私が」と言って下さった。それがせめてもの慰め。しかし、それでもその御婦人の蛮勇?に続く役員はなく、ほとほと、うんざりしたものだった。

覚悟を決めていたつもりだが、いざ始めてみると、自分の考えの甘さを痛感させられてばかりだった。一回目は挨拶と趣旨説明、二回目に承諾と同時にお金を受け取って終わりと思い込んでいたのだが、そうはいかない。

先ずは予定通りに趣旨説明を兼ねてお願いに回る。すると、担当者、或いは店主に伝えておきますから、またの機会に、と返事を貰う。日を改めて、出直す。ここまではまだ想定の範囲内。ところが、次に伺うと、またもや、担当者不在だからと出直しを求められたり、既に寄付を済ませた、という思わぬ返事があったりも。いろんな行事があり、周辺地域の各種団体の寄付集めが錯綜して、何処にお金を出したのか当人もよくわからなかったりするらしい。

それればかりか、ある会社では四回も足を運んだあげく、その時になって初めて、今年からこの種の協力依頼は一切お断りするというのが会社の方針です、悪しからず、などとすげない返事が返ってきたりもした。「それなら初めからそう言ってくれたら」などと言いたくもなろうもの。しかも、その会社、地の人創業の建築会社で、この地域には地縁ばかりか商売上も因縁浅からぬ。現に、ずいぶん昔になるが、この会社が我が家付近に賃貸マンションを建設するに際して、近隣の代表として、私は副社長や現場責任者と少々厳しいやり取りをする羽目になったこともあった。その際の印象では、近隣に対する心遣いを欠かせないし、欠かさないだろうと思いこんでいたので、まさか断られるなどとは。これはショックだった。私としては立場上止むを得なかった厳しいやりとりの仕返しではあるまいか、これが私ではなく地の人、それも「顔役」が出向いていれば、決してこんな羽目にはならなかっただろうに、いかにも下っ端風の私の姿かたち、物腰、それが作用したのだろうか、長い不況の影響がこれほどまでに浸透しているのか、などといろんな思いが頭の中を駆け回り、「虚業」を生業としている私には世間の事情がよくわかっていないことを痛感させられる思いだった。

さてまた、ある喫茶店など、三回も足を運んでようやく女主人に会えたものの、たまたま居合わせた常連客から、「兄ちゃん、そんな行事、市からお金をもらってやりいな。ここの女主人、見てみ、足が悪いのに頑張っとんのに、そこからお金を巻き上げるやなんて、殺生やで」などと嫌味を言われて、返す言葉なく苦笑い。そうして頂いたのが二、〇〇〇円。

またそのほかにも、三回訪問してようやく頂いたのが断りの返事。それだけならまだしも、嫌味まで頂戴した。「あれだけ念を押して約束したのに、またなんで？」と。その美容院、昨年はオープンしたてで、お披露目ということで、一回きりを条件に応じたのだそうだ。ところが、そうした情報の引継ぎがなされないから、事情を知る由もない私が性懲りもなく日参というわけで、もちろん「こちら」に落ち度がある。ひたすらお詫びして、逃げるようにして立ち去らざるをえなかった。

その一方で、幸いに承諾を頂いた場合でも、すんなり気持ちよくとはいかない。「この不況の時代、一円でも惜しい。この寄付分を稼ぐのにどんなに……」の文句を再三再四聞かされて、どこでも商売人の言い方は恐ろしく似ているものだと呆れながら、冷や汗を流しつつ領収書を書く羽目に。

ともかく、そうして集めたのが、総計で一〇万円、ほぼ割り当ての金額に達した。しかし、これでお役目御免とはいかない。あくまで名目は賛助広告。役員によるプログラムの広告の割付や校正を終えて、賛助広告に応じてくれた所へ、最終校正とお礼を兼ねて挨拶回りに出向くように指示された。お礼の徴は、安いものだからこそ量で勝負というわけなのか、嵩張るものが選ばれた。賛助金額に比例した数のティッシュペーパーの箱。その大量の箱を背中に負い、両手に抱え、夏の太陽の中を走り回った。これでやっとお金集めのお役は御免となった。

連合自治会の全体の賛助広告収入は一〇〇万円くらいで、市からの助成金のほぼ倍額。これで体育祭の景品、準備その他の弁当代その他の経費、そして備品（テントその他の地域で毎年必要となりそうな物品）の購入に充て、残りは次年度の為にプールしておく。

因みに、こうしたお金の使い方や処理については、「ボス支配」を云々される際に言挙げされる「どんぶり勘定」や「お手盛り」などは、少なくともこの地域に関してはなさそうである。例えば、かつては運動会が無事に終わり、後片付けを済ませた後に、打ち上げの会（或いは反省会）が関係者全員でなされ、その際の酒食（といっても、寿司折にビールにおつまみ程度、会場は公民館）の経費が支出されていた。地域の人々の為の無償の奉仕の結果、無事に終わったのだから、皆さんご苦労様、という意味で常識の範囲内という理屈だったのだが、それが次第に厳しい批判を浴びるようになった。企画、数多くの打ち合わせ会、そして前日の設営から当日の競技の進行、そして後片付けと、このイベントで終始中心的な働きをしてきた体育振興会の皆さん、「心外だ、自分達だけが飲み食いしているわけではない、協力してくださった全員のためのささやかな会なのに」と反論なさったが、それでも異論が続出して、ついには「そこまで言うのなら」と渋々ながら折れざるを得ず、その種の会はすっかり取りやめになった。こうした会の運営、よく思われがちなほどに「仲間内の理屈」が通るような世界ではないようで、その意味では相当に民主的であり、信頼が置けそうなのである。

単位自治会の内輪の仕事について語るはずが、ついつい話が連合自治会、つまり外側に逸れていく。これも私がその外側の仕事で翻弄され、吹聴するに足る内側の仕事が殆どなかった結果なのだろうが、それでもやはり平衡を失している。改めて内輪の仕事に戻らねばなるまい。

財政、補助金の丸投げ

何をするにも財政的裏づけが必要で、わが自治会は既に述べたように、会費月額三〇〇円、年額三、六〇〇円を半期ごとに徴収し、それに加えて、委託仕事の礼金が基礎財源となっている。ところが、目だった取り組みを自力で計画・実行する力のないこともあって、毎年、収入が蓄積され、今や潤沢な？資金力を誇っている。そこで、無駄な集金と評する向きがあっても当然で、会費の減額という意見も時々浮かび上がる。しかし、その断はなかなか下せない。いったん減額すると、いざ必要な段になってその急な増額には抵抗が大きいだろうというのがその最大の理由で、異論が出れば、とても対抗できそうもないのだが、減額の主張もさほど強くない。こうした事態を人々の平衡感覚の結実、あるいは「現実的」思考と呼ぶのかもしれないが、要するに、どんな決定であれ、言いだしっぺが責任を取る羽目になりそうだから、さわらぬ神に祟りなしというのが本音なのだろう。

がともかく、その潤沢な資金の使途はどうなっているか。本来なら、自治会自体の取り組みに充てるのが筋なのだろうが、この自治会、凝縮力がない。それに過去の因縁、しがらみというものもある。

例えば、独自のお祭りでもやれば、その共同作業と共同の喜びや達成感を担保にして会の結束力も高まるのだろうが、それには大変な労力が要る。それに地域の条件、例えば、地域内に適当な空き地が必要なのだが、そのどちらも手当てできなくなっている。ではその代わりに、比較的手がかかりそうにない懇親旅行でもして、その費用の一部を自治会からの補助にという案もあるのだが、いざそうした計画でも立てようものなら、異論を予想せざるを得ない。限られた参加者に補助を出せば、公平を失するというわけである。現に、かつてほぼ恒例となっていた忘年会、その参加者は自治会の会員戸数の六分の一にも満たず、しかも、毎年ほぼ同じメンバーだったので、特定の会員に過分な補助をしている、裏に何かあるのでは、といった疑惑や非難が最初はくすぼり、ついには噴出して、取りやめになった。というわけで、その種の企画には二の足を踏まざるを得ないのである。

ではこの自治会、一体何をしているかと言えば、先にも述べた連合自治会関連の数々のイベント等（市民体育祭、夏祭り、新年のとんど焼き）への協賛、動員くらいで、自前のものは殆どない。強いて挙げれば、年末の防犯夜回り、そして、後でも触れるが、私の任期中に復活したささやかな懇親会くらい。では集めた会費はどこに？と再度の疑問が出て当然だろう。

支出の大きな柱は、関連団体への補助金である。地域の老人会、婦人部、子供会、防犯、連合自治会などである。とりわけ、子供会は自治会関連の行事に欠かせないし、実質的な活動を展開しているから、当然の支出と言わねばならない。子ども会は学校との関係もあって、親もサボタージュしにくい。それに目に見える必要性がある。子供の安全確保である。交通事故に加えて、最近では、以前なら想像さえしにくかったような暴力や悪戯まである。

それに加えて、子供が学齢期の奥さん方は比較的若く、行動力があり、学校関係の行事での付き合い、それに子供を介した関係も密である。そこで、いろんな行事、とりわけ動員要請に際しては、子ども会の協力は欠かせない。例えば、既に触れた体育祭では、地域対抗が組み込まれているからその選手集めや、年末防犯への動員、夏祭りももちろん主に子供の為のものというわけで、子ども会に最も多くの補助をしている。

ただし、これについても問題がないわけではない。子ども会は自治会の下部組織ではなくて、小学校による地域割りで当自治会地域に住む子供の会が当地区の子供会となっている。ところが、この地域に居住する全員が自治会に加入しているわけではないから、子ども会の会員の父母と自治会の会員とが必ずしも重ならないのである。

この地域では、主に一戸建ての居住者が自治会に所属しており、会員は概ね居住歴が長く、高年齢層が多く、三世代同居といった例を除くと、学齢期の子供さんの数は限られている。他方、自治会に加入していないのは、賃貸マンション、社宅、そしてその建設にあたって自治会を中心に反対運動をしたことのある高層の分譲マンションその他の居住者である。この人々は先の会員と比べて、年齢が低く、学齢期の子供が多い。というわけで、子ども会の父母の半数ほどは、この地区に居住しているとはいっても、自治会の会員ではない。なのに、そうした子ども会に自治会が補助金を支出するのは、理屈に合わない懸念がある。現在のところ、このあたりのことについて異論が出ているわけではないのだが、これはいつか問題化しそうな気がする。ここでも受益者と、労力もしくは金銭を提供する者が重ならないことからくる不公平、あるいはギャップの問題が顔を覗かせている。

路上駐車追放キャンペーン（或いはクリーンヒット）

こうした否定的な話ばかりだと自治会の存在意義が疑われることにもなりかねないし、やはり片手落ちの感も否めない。そこで、少しは肯定的な側面がないかと考えてみると、全くないわけではない。

実は当自治会、地域住民の安全を守るために、数年前から迷惑駐車追放運動を推進している。路上駐車を止めて、車は駐車場へ、というわけである。しかも、それは単なるスローガンにとどまるものではない。運動に実効性をもたせるために、工事用の赤色コーンを大量に、それも特別に頑丈なものを入手し、それを鎖でコンクリートブロックにくくりつけて、要所、つまりは特に安全の障害になりそうな場所に配備したのである。

この地区の住民、とりわけ自治会会員の家々にはもちろん、土地や家の大小を含めて様々な差異があるが、駐車場スペースを備えた一戸建てという意味では概ね共通性を備えている。また、高層マンションも建設時の交渉で最低限、一所帯に一台の駐車スペースを確保することを約束させた。だから、理屈上は継続的で違法な路上駐車などありえないはずで、そんなけしからん駐車をする輩は非会員、つまり、分譲マンション、賃貸マンション、そして他地域の住民と言いたいところなのだが、実態はそんな単純なものではない。

今や一家族に車一台では済まなくなっている。お子さんが大きくなると、もう一台。それに奥さんには買い物用の軽自動車を、といった具合。それにまた、自営業の方などは、業務用のトラックその他に加えて乗用車といったこともあって、家に備えてある駐車スペースでは不足し、家の前、あるいは、周辺の適当な所に路上駐車となってしまう。そればかりか、既にある駐車スペースは物置に転用して、家の前の路上を駐車場代わりにという方もいらっしゃる。

迷惑駐車追放キャンペーンと赤色コーンの設置は、そうした状況に大きく影響を及ぼすことになった。さすが、長年の居住歴のある住民など、「目覚めた住民」と自治会に気を遣ってか、路上駐車を避けるようになった。地域内のモータープールを借り、路上に止める場合でも、苦情が起きないように、安全に支障が起きないように、との配慮が今まで以上に浸透するようになった。後ろ指をさされたくない、といったところなのだろう。

他方、高層マンションや賃貸マンションの住民は非会員ということもあって、当初はこのキャンペーンも目立った効果を示さなかった。

集合住宅の周辺道路は少しでも空きスペースがあれば所構わずといった感じで、違法駐車がマンション周辺道路から地域全体の道路へと広がるといった状況、それが赤色コーンによる実際行動が始まると、事態は大きく変わった。少なくとも、安全に支障のありそうな場所にはことごとく赤色コーンが設置してあるから、そのあたりへの駐車は激減した。しかも、この運動に影響を受けたのか、マンション住民たちの一部は、自分の駐車場近くの路上への駐車は邪魔だし危険だということもあって、自衛措置として、自治会の実践を真似て、自ら赤色コーンなどを設置するまでになった。

というわけで、この運動は当自治会としては珍しいクリーンヒットというべきなのだが、何事にも反動というものがある。

実のところ誰の仕業なのか明らかでないのだが、随所に設置されたあの頑丈な赤色コーンとコンクリートブロックを粉々に破壊したり、どこかに運び去るといった事例が続出し、そうした妨害に屈しない姿勢を示すためには、次々と補充しなくてはならなくなった。それればかりか、奇妙な話まで。

派出所の警官から会長の私に電話があり、あのコーンを撤去できないかと言う。地域住民を名乗る男性が、あのコーンのせいで子供が怪我をするのを目撃したというのである。「あんな危険で違法なものを公道上に置くなんてもってのほか」との抗議、あげくは、「すぐに撤去するように指導して欲しい」という強い要請があったという。

私は少々うろたえた。というのも、あのコーンは間違いなく、住民の安全に寄与していると思っていた。それに、私はなるほど自治会の会長ではあっても、その運動の当事者とは言いにくい。もし撤去するなら、この英断を下した年度の役員の方々の意見をお聞きし、議論し了承を得るといった手続きが最低限必要だろうと考えたからである。厄介だなあ、と腰が引けた。

その一方で、この話、奇妙だという感触もあった。そこで、その警官に尋ねてみた。「本当のところ、あれは住民に危険ですかね?」すると警官、「立場上、苦情があればお伝えしないといけないし、公道上に私物を設置するのは違法といえば違法だし。でもここだけの話ですが、本音を言えば、あれは効果大です。特にお子さん方の安全にとって」との返事。それに勇気を得てさらに尋ねた。「その苦情を持ち込んだ方はどなたなのでしょう?本当にこの地区の住民なのでしょうか?それに事故というのは本当に?」。それに対して返事はこうだった。「よくわからないのです。でも、本人が住民だと言ってられたので。例え名前がわかっていてもお教えできないのですが、本当に名前は名乗らなかったのです」というわけで、私はこのコーン設置に関係した旧役員たちとも相談の上、様子を見ることにした。但し全くの静観とはいかず、一種のアリバイ証明を試みた。自治会会報で、あのコーンの設置に対する苦情があった事実を告げ、「あのコーンに関して、ご意見をお持ちの方は直接私のほうへ連絡を請う。また、コーンが原因で怪我をされたような方、或いはその種の話をご存知の方は是非、私にご一報を」と訴えた。また、地域の非会員向けにも、情報の周知を図ると同時にこの運動に協力を求める為に、文章を作成し各戸配布した。さらには、地域の消息通であるはずの子ども会の役員の皆さんにも協力を求めたのだが、なんら手ごたえがなかった。そこで、導き出した結論がこうである。この運動で不利益を被った人の反撃である、と。ひょっとして、本当に地域の人かもしれないし、或いは、近隣で店や会社を構えている方が、あのコーンのせいでお客の車を自由に止めることができなくなり、商売に支障が出ると考えて、その腹いせ、嫌がらせを目論んだのかもしれない。尤も、これはあくまで想像の域を出ず、真実はいまだに藪の中である。

その他にも、エピソードがいろいろ。

何かあると俄然しゃしゃり出て、とうとうとまくし立てるが、話に脈絡がない上に、行動にも一貫性がないから、信頼をうること少なく、むしろ、敬して遠ざけるのが賢明と思わせられる元気微のオヤジさん、そういう人が何処にもいるものだが、我が地域にもまさしくその種の典型的な方がいる。この人、「やくざさん」との関わりを吹聴したりと悪ぶる趣味があり、そのうえ、大のアルコール好き。こんなこと書くと、いかにもステレオタイプだし、自らアル中気味の私としては気が引けるが、しかし、まさしくそのステレオタイプを絵で描いたような方なので、ご容赦を。

その人が、私が留守にしていた日曜日のお昼時に我が家を訪れて、迷惑駐車の件でややこしいことになって、警察にも何か、といったわけのわからない伝言を娘に託したという。「訳の分からんおっちゃん、気持ち悪いわ」と娘は呟いた。それを聞くや、あのおっちゃん、また何かややこしいことでも仕出かしたのか、と少々心配になって、急いでお宅へ。しかし、留守という。仕方なく家に引き返したところ、我が家近くにその人の姿が。近寄ってみると、昼日中から、アルコールの臭いがぷーん。そのせいもあってか、話がいつにもまして要領を得ない。しかし、辛抱して聞いていると、高層マンションの若い住民が見通しの悪い曲がり角に駐車しようとしているのを見かけて、注意したところ、逆に食ってかかられた。腕に自信はあるから、一発かましてやろうと思ったが、会長に迷惑をかけてはいけないからと辛抱して、警察に事情を伝えてきたところとのこと。私はやれやれと思いながらも、ともかく面倒は避けねばと、「いろいろと気を遣って下さってありがとうございます。でも、無理されるととんでもないことに、気をつけてください」と言うと、「そんなあやふやなことではいけまへんがな。自治会の会長たるもの、責任もって毅然と仕事をしてもらわんと」などとなかなか手厳しいお言葉を頂戴することに。がともかく、苦笑いを抑えつつ別れて、ひとまずは一件落着したのだが、あの調子ではまだまだ続きの話がありそうな気がして、うんざり。

いまや違法駐車も少なくなって、この運動はひとまず成功と言うべきなのだが、小さな破壊工作はいまだに続いているから、その度にコーンの補充が必要だし、住民自体のお互いへの配慮もいつまで続くことやら楽観を許さない。それにまた、この程度の運動では解消しない問題も浮かび上がってきた。自治会なるものの権限と責任の限界というべきなのだろうが。

我が地域は交通量が多い幹線道路に取り囲まれているが、小高い山になっていて、稀にショートカットのために侵入する車両を除いて外部の車が往来することは少ない。その意味では静かで安全な地域である。但し、自動車の通行が少ないだけに、急で曲がりくねった坂道を猛スピードで下る自転車や車の衝突、或いは歩行者の事故が時にはある。だからこそ、曲がり角の駐車は甚だ危険で、それを追放することが最大の課題だったのだが、それはほぼ達成された感がある。

ところでこの地域の一角に、六メートルほどの幅の道を挟んで両側に各々一〇軒ほどが立ち並んでいる区域がある。住区の中でもこの一角には、関係のない車両が進入することは稀で、その意味では、ひときわ落ち着いて安全なはずである。だからなのか、ところがなのか、ともかくその区域で、いつの頃からか、路上駐車合戦のようなことが繰り広げられている。

片側の一軒がガレージに物置小屋を設置して路上駐車を始めた。するとその両隣、さらにはその隣もという具合で、ほぼすべての家が「右に左に倣え」となった。それでもしばらくは、向かい側の家々は律儀に車をガレージに収納し続けていて、律儀な方達だなあと感心していたのだが、長期に亘るとさすがに我慢が切れたのか、いつの頃からか、これまた殆ど全戸が、「向かいに倣え」というわけで、路上駐車を始めた。

向かいの家の車が路上にあれば、ガレージに車を入れるのに難儀する。その迷惑を相手に伝えて、互いに便宜を図りあう、これが近所付き合いとはいうものの、波風を危惧して、実際にはそうはいかないようである。とは言え、一方的に不便に耐えるのも馬鹿らしいといった意地も手伝ってなのだろう、路上駐車合戦が固定して久しくなる。

道の両側に車があると、車は速度を落として辛うじて間をすりぬけられるくらいである。逆に言えば、それくらいでも道幅があるからこそ、こうした事態も起こりうるわけなのだが、これは安全上の観点からも、便利さの観点からも、大きな問題である。しかし、それ以上に問題なのは、この一角の住民たち、相当の心理的軋轢を抱え持っていそうな雰囲気があることなのである。おそらくはそのせいもあってのことではなかろうか、最近、その区域で自治会からの脱会が続発している。燻った対立に自治会の力が及ばないことに失望してのことではないかと想像はつくが、打つ手が見当たらない。だいいち、脱会の理由がその路上駐車問題にあるという話など全く聞かれないのである。私の憶測では、そういうことを話題にするとすぐに全戸に話が伝わって話がややこしくなるだろうから、そうした事態を恐れての沈黙では、ということになるのだが、これまた真相はわからない。

この種の隣人間の問題とも地域の問題ともどちらとも言えそうで、またどちらとも言えないような事柄に自治会が関与するには、相当の実力、そしてもちろんその基盤としての相互の信頼関係が必須で、それがないからこそこういう事態になってもいるわけで、我が自治会にそれに嘴を突っ込めるわけがない。傍観するしかないのが現状である。

懇親の集い（或いはポテンヒット）

今ひとつ。私たちが企画・実行し、わりと好評だった取り組みの話を。但し今度は、クリーンヒットとはいかず、ポテンヒットくらいだろうか。任期も残りわずかになって急いで企画した「新年懇親会」

の話である。

先にも記したように、二、三年前までは、最初は有志の呼びかけで始まり、ついでは自治会の協賛、さらには、自治会主催にといった経緯をもつ忘年会があったが、苦情や異論が高まり、ついには、取りやめになった。しかし、それもしないとなると、自治会会員が集まり、懇親を深める場は年に一度の総会以外は皆無といった状態。しかも、その総会も会員が自らの発意で集まるというより、前年度と次年度の役員及び班長が役目上仕方なくというのが実情で、懇親を深めるといったものとは程遠い。

その昔、といっても一〇年ほど前までは、年末の防犯夜回りには、おでんやお汁粉などの炊き出しもあって、いろんな住民が集まり、四方山話のついでに地域のさまざまな問題に関する本音の話の花が咲くこともあったし、運動会なども、多くの住民が家族総出で参加し、競技への参加は言わずもがな、応援の声がやかましいくらいだった。それにまた、有志（地域のソフトボール部、男女のチームがあり、私もそのメンバーだった）の呼びかけに自治会も協賛して、この区域独自の夏祭り（盆踊りや、子供と大人のカラオケ大会、そして住民が営む夜店、そして最後に花火）もあったのだが、こうしたものが今やすっかり姿を消してしまった。おそらくは住民の高齢化が大きな原因であろうし、少々の難儀や反対の声など意に介さず、地域共同体という郷愁を根拠にイベントの音頭を取れるような人が、病気や高齢化などに加えて、何をしても反対や苦情が喧しいことに嫌気がさしてしまったこともあるのだろう。というわけで、自治会の会員が集まって楽しみ、それを相互協力の担保にできそうな機会がない。

そこでせめてその種のことをひとつつくらいはというのが、任期当初からの懸案であった。しかし、全員が参加しやすくて、お金をかけず、それでいて参加者に満足して帰ってもらえるような会をどのように企画するか、これが難しくて躊躇っていた。しかも、いろんな仕事に翻弄されて、そこまで頭が回らなかったというのが実情でもあった。そうして何もできないままに気が付いてみると任期も残りわずか、大慌てで企画したのが、新年懇親会だった。

会費一、五〇〇円、自治会からの出費は一人当たり一、五〇〇円くらい。この程度なら批判も出ないだろうし、たとえ少々の批判があっても対応できるだろう、と踏ん切りをつけた。近くの市営の会館を借りて、仕出し弁当を少々張りこみ（当日の会費で損をした気分にならないようにというのが最低限の気遣い）、酒類、ジュースやお茶、そしてツマミを適当に買い集めた。準備作業は役員だけで行った。

懇意な人たちが一箇所に固まらないように、くじ引きで席を決め、趣向としてはカラオケ、老人会の女性軍の踊りの会の披露、じゃんけんゲーム（景品付き）、そして役員の合唱、ついでは全員参加の昔懐かしい歌の合唱や輪唱。まるで子供会の催しのようで、少々気恥ずかしかったが、致し方ない。いくら引っ込み思案の人でも、また年齢に関係なく歌声に和することができるように、手製の歌集なども作成して、プログラムと一緒に全員に配布した。

初めはおずおずでも、一旦興が乗ると、隠し持った目立ちたがりの性格、あるいは芸達者の資質を発揮される方が何処にでもいらっしゃる。しかも、長年の付き合いで、そういう人のことは知る人ぞ知るというわけで、その種の町のエンターテイナーを引っ張り出しさえすれば、後はどんどん盛り上がる。ついには、自然に踊りの輪ができたりと、なかなかに盛況で予定時間を遥かに過ぎても、皆さんなかなか席をお立ちにならず、困るほどだった。何より、運営委員の皆さん、これでほぼお役御免とあって、気楽になったのか、仕出し弁当の味見を経ての選択、景品の購買など、これまでと打って変わって積極的に関わってくださった。というわけで、この任期中、唯一まともに共同で仕事をしたと満足だったのだが、そのうちでも特に記憶に残ったのが、ある老婦人のこと。

ご主人が亡くなってすでに一五年以上、しかもその後、ご子息の家族も仕事の都合で遠方に。一緒に転居するようにとのご子息の懇請にも、住みなれた地域を離れるのが嫌だと首を縦に振らず、体が不自由で歩けない状態でも、ヘルパーさんや、隣近所の方の助けを借りて、一人暮らしを長く続けてらした。

その方が、この企画を耳に入れ、是非参加したいとおっしゃった。しかし、問題は足。そこで、近くにお住まいの役員が車で送り迎えの条件を提示すると、飛びついてこられた。

こうした体が不自由なうえに老齢の方が、自ら進んで参加されるということだけでも、なかなか喜ばしいことなのだが、特にお年寄り向けにと役員のご婦人方が知恵を絞り、試食までして選ばれたお弁当を「おいしいおいしい」と平らげられたばかりか、じゃんけんゲームなどにも愉快そうに参加され、助けを借りて司会の私のところに景品を受け取りに来られた。すごく満足のご様子だった。

ところが、そのご婦人が一週間後に突如としてお亡くなりになった。葬儀は連絡を受けて急遽お帰りになったご子息の家族、そして自治会の役員の協力で無事に終わった。彼女にとって、人前で笑ったりはしゃいだりは、あれが最後だったのだなあ、などと思うと胸がじーんとなる。そしてその延長で、人間が集まる場を創り出すことは意味がある、と今更ながらに思った。それも世代や男女の別を越えて、そして、面識があろうとなかろうと、同じ地区に住むという共通性が一種の安心感をもたらしてくれる「地域の集まり」、それはそれなりの良さを備えているものだと。その反面、そうした場を創り出す能力やリーダーシップの欠如にも思いを巡らすことを余儀なくされた。

尤も、こうした裏表を成す二重の感傷は、私の自分に対するプレゼント（慰め）といったほうがふさわしい。「それなりに頑張ったじゃないか、よいこともしたじゃないか」というように。

第四章

「よそ者」の硬直と脆弱さ

地域の伝統・風土と自治会

地域のまとまりの触媒としては、利害関係の共通性が筆頭で、マンションの管理組合などはその典型であろう。同じ建物に住み、その財産保全という意味では、お金に換算できる利害の共通性がある。それに対し、自治会といったものは、地域の環境保全や安全の確保といった意味ではそれなりの利害の共通性があるとしても、それはお金に換算しにくく、抽象性を否めない。しかも、その抽象的に過ぎない利益を獲得するのにも並々ならぬ努力が必要である。住民の結合、そして行政への陳情といったように。

それにまた、同じ自治会員とはいっても住環境が同じとは限らず、貧富の格差もある。それどころか、軒を接していたりすれば、実際上の利害に過度に心理的な負荷が加わって対立が抜き差しならなくなったりもする。既に述べたように、一つの住区で迷惑駐車追放という共同行動が叫ばれる一方で、路上駐車合戦で角突合せている一角もあるというのがその好例である。というわけで、自治会といった組織はなかなか難しい。内部に利害の対立の大きな芽を孕んでいる。それにまた、これまでに何度も小出しにしてきたように、同じ地域に住みながら、自治会会員と非会員との利害の対立もある。そこでそろそろその種の問題に踏み込まねばならないのだが、それに先立って、地域の共同性について少々。

利害と全く無関係とはいえなくとも、地域住民のまとまりには記憶や情動の共通性が大きく作用する。たとえば、地域の自然環境や記念建築物などによって醸成される「何か」がある。そして、その「自然な何か」が儀式や祭りによって「聖化」される。そうなると、儀式の反復によって、共通の記憶が代々にわたって刻み込まれ、根強い共同感情が定着する。しかもそれは、専ら受身なものではない。自らそこに参画し、その努力に見合った達成感が付加される。こうして、自らのものであると同時に「全体」のものと感じられる。

祭とくれば神社がつき物で、祭りに関わった経験の共通性といったものは、神社という象徴物によって、恒常化、永続化される。

だからこそ、新しい共同体、住民団体等は共同感情を育成するために「祭り」を創生したりもするのだが、しかし、そうした「祭りもどき」には、共同感情の「容器」がない。昔をまねて、「みこし」をつくったりもするが、それはあくまで擬似的なものに留まる。その「みこし」を収める神社がないばかりか、地域の伝承や伝統との結び付きがない。共同性の歴史的連続の感覚といったものが欠けている。

傍から見れば、祭りは若者の世界に思えたりもするが、実は長年にわたって伝えられてきた知恵や関係の蓄積が大きく作用しており、表面に躍り出る若者たちもまた、そうした伝統の枠内でエネルギーを発散する。年寄りがその経験、地域の伝統やしきたりを後続世代に伝える時空でもある。年寄りは若いエネルギーを理解し、それを活用している。

というわけで、長幼の序といった古い慣習が幅を利かせて窮屈そうにも見えるが、どの世代にもふさわしい役割があって、収まりが良い。老若男女がそれぞれ伝統的な役割の枠内で自らを日常から解放する。従って、その悦びは個人的であると同時に集団的で、一時的であると同時に超時間的である。

もしそうしたものが自治会のような地域団体の基盤にあれば、その団体の凝縮力は相当に強固になるであろう。ところが、自治会的な団体にはそれは難しそうである。というよりむしろ、そうした情動の歴史性や共同性と自治会なるものは本来的に異質で背反する側面があるのではなかろうか。

と言うのも、現代的な自治会運動は、実態をさておいて言えば、地域の因習的な伝統と切れたところで、また、お上の上位下達機関的色合いを脱して、自由で自立した個人の結合を志向していたのではなかろうか。アトムと化した個人たちが自由に結びつきあう場といったような。

その種の理想がそのまま実現されているはずもない。自由で自立した個人というものが実際に存在するかどうか、それにまた、個人の自由を尊重しながら共同性を確保するという「奇麗事」の困難さもある。現実の利害関係というものは理想など蹴散らしてしまう。それればかりか、そうした理想が多くの人に共有されているとも言いにくい。自治会を構成している会員相互で自治会に対するイメージが甚だしく異なり、時には対立しあったりもする。そこで、自治会の実態というものは、かつての町会的な側面を多々残し、新しい志向と既存の慣習的なものとの妥協、あるいは野合の産物といった場合が多いに違いない。

とは言え、そうした「妥協」を専ら否定的に言挙げする必要もない。あのかつての町会的な関係構造や地域の伝統を換骨奪胎することで、伝統の力と革新の生気を両立させる「理想的」な団体もあるかもしれない。こうしたことはその地域の立地条件や住民層の構成・性格によって大きく制約・規制を受けるものなのだろう。

例えば、何もないところに突如として建設された大規模団地などは、それ自体が過去と切れた町であり、地縁と関係なく様々な土地からそこに入居する住民たちには、新しく何もないところで住環境を整え、暮らしを少しでも快適なものにするための努力が必須だろう。そのためには手を取り合って、行政等と折衝に努める。

但し、新しい土地の新住民とは言っても、その個々人には当然、個人史が、ここで言えば、個々人の自治会イメージがあるだろう。かつての町会、村会のイメージをその住民組織に重ね合わせる人もいるだろう。そしてそのイメージには肯定的な場合もあれば、否定的な場合もあるだろう。後者だとすれば、趣旨としては従来の町会などとは断絶しているはずの「自治会」に対しても背を向けがちになるであろう。

がともかく、新しい町では、そうした多種多様な人々が多種多様なイメージを携えながら、共通の利害を基盤に一定の凝縮力を持つのではなかろうか。しかし、その「蜜月」が長く続くかどうかは疑問である。ある程度町が成熟すると、行政への要求運動といったものに関心を持たずとも支障なく思えるようになるだろうし、そのこともあって、住民の大半には「自然に」住環境が守られているといった感じが強くなってくる。さらには、中枢で尽力してきた人に継続的に仕事が集中し、その特定の人に「おんぶに抱っこ」ということにもなりかねない。こうして一部の熟練者と多数の無関心派とに分離して、いわゆる町会的なものに先祖帰りするというようなことになるだろう。但し、あの昔のニュータウンが今やオールドタウンに様変わりして、独居老人たちの相互扶助の必要、更には、行政と個人とをつなぐ必要が、組織を再生させているといった例もある。これについても、熟考の余地が大いにあるのだが、宿

題にしておきたい。（これについては、最後の提案に関連するので、末尾参照のこと）

他方、古くからの町の場合はどうだろうか。そこでは、土地の伝統が地域の結束の触媒として機能している。そして当然のことながら、その裏面というわけで、「しがらみ」や因習がつきまとう。

例えば、土地の氏神様の奉賛会があり、それと自治会がほぼ重なっていたり、協力関係になっていたりする。言い換えれば、自治会に独立性がなく、奉賛会の行事すなわち自治会の最大の行事といったことに。とすれば、新規参入者でそうした氏神様への信仰なり愛着を持てない、或いは拒否するような人は、実際上、その自治会にとって「異物」であり、排除の対象になりかねないし、実際にそこまでいかなくとも、中枢にそうした異物が入ることを拒むような暗黙の了解が成立していたりする。

因みに我が住居は新興住宅地に位置しているのだが、初期の住民で最も多数をなしていたのは、旧村の分家、つまり次男三男たち、或いは、旧村の出で他の地区の男性に嫁いだ奥さん方であり、おしなべて本家たる旧村への郷愁や結びつきが強く、旧村の中心に鎮座まします神社の奉賛会のメンバーでもある。極端な場合には、所属地域は異なっても、あくまで旧村の自治会に固執して、現在の居住地域の自治会への入会を拒む方もいらっしゃる。

祭りと歴史、或いは神話

ところで、その奉賛会と我が自治会とには明確な関係はないのだが、やはりいろんな行事でその存在の影がある。何かの取り決めがあってのことではなく、「なんとなく」である。例えば、祭りの際に、神輿がこの地区を回るのだが、奉賛会の中心メンバーの家の前では特別に立ち止まり、太鼓を激しく叩き、お返しに御神酒を受け取ったりもする。折角の地域の祭りだからと、子供達に参加させるべく親たちが努力して、この住区ではこの地区の子供達が御輿を引くようになっているのだが、そのつなぎ（あるいは責任主体）を勤めているのは、自治会なのか何なのか曖昧なままである。

といったように、新しい住民組織を標榜していたはずの自治会であっても、そうした祭りや伝承やしきたりと断絶して地域の団体を運営することはすこぶる難しい。しかも、問題は明示的に何かを語ることが難しそうな点にある。明確にすれば角が立つ、といった雰囲気があることが。

因みに私は子供の頃には、町会の子どもの一員として地域の神社の御輿を引いたし、化粧を施してもらって、その神輿の上で太鼓を叩きながら地域を回っていた。その意味では、私は朝鮮人でありながら、そのことでもって地域の祭りから排除されていたわけではない。つまり、少なくとも我が家の地域では、地域の子ども会に関する限りは朝鮮人が特別な扱いを受けるということはなかったのである。おそらくはその集落で我が家ともう一軒だけが朝鮮人ということもあって、自己主張する余地がなかったし、実際「おとなしく」暮らしていたからであろう。しかし、そうした祭りに私の親が何らかの関与をしたはずもなければ、その可能性もなかった。こうした行事の中心は地域の顔役であり、私の両親がその顔役になれるなんてことはありえなかった。また、他の地域の朝鮮人の子供達で私のような例は無かったように思う。たとえ、あったとしてもその他大勢として御輿を引くまでが限度で、神聖な「御輿」に乗って太鼓を叩くなんてことはありえなかった。つまり、子供時代の私は特権的ないわば「白い朝鮮人チビ」だったわけで、その痕跡が今の私の優柔不断に後を引いているのかもしれない。

ところで、地域の自治組織と地域の伝統との絡み合いについて、とりわけ、「よそ者」と地域の関連について今更ながらに考えさせられる経験をしたことがあって、それを引き合いに出して、考えてみたい。
大阪南部に住む大学時代の友人から、かの有名な「だんじり祭り」への招待をもらって、はるばる赴いたことがある。三年ほど前のことである。

その地域のだんじりは今や日本中で有名で、とりわけ大阪では、テレビで放映されるほどである。その人気のおかげもあるのだろうが、近年特に土地の若い人たちを惹きつけており、一年がまるでそのお祭りのためにあるかのような熱狂的な青年たちもいるらしい。土地の中年、老年はあえて言うまでのこともないだろう。当然、そこに費やされるエネルギー、時間、そしてお金は並々ならぬものがあって、大いに負担だろうに、逆にその負担あってこそ「俺たちの祭り」というわけなのか、地域の結束の触媒の働きをしているようである。その例にもれず、我が友人、全く異なる地域から結婚を機に奥さんの地元であるその地域に家を構えたいわば新住民（或いは、半新住民）なのだが、今やその祭りに参加するのが年中行事の一つ。毎年様々な友人を招き、そのお相手はしばし奥さんに任せて、本人ばかりかお子さんたちもまた、二日間、終日だんじりを引き、それが終わってようやくお客さんの相手をする。つまりは、今やすっかり地の人になりおおせ、その地を終の棲家とするつもりのようである。そういう決意がだんじりのおかげなのか、或いは決意が先にあって、次第に喜びを覚えるようになったのか、その順序は定かではないが、だんじりへの参加が彼にとってその地の人としての象徴になっていることには疑いはなさそうである。

さて、その友人が用意してくれた桟敷席（そのチケットはなかなかの値段であり、もちろん、招待と言えども、客である私たちが払った。このあたり、朝鮮人同士の付き合いでは考えにくいが、だからといって、文句を言っているわけではない。そのほうがこちらも気楽だし、そのうえ、日本人の付き合いの几帳面さに驚き入っている。本音です）でビールを飲みながら、メインイベントである「引き回し」を待った。そしてようやく各地域お自慢のだんじりが次々に登場。まるで蟻のようにだんじりを引く人の群れに合わせて、その縁起を紹介する女性の声がスピーカーから流れてくる。それをぼんやり聞いているうちに、私は少なからず驚かされた。

その各地区のだんじりの縁起話の幾つかが、かつての豊臣秀吉の「朝鮮征伐」話、とりわけ、加藤清正の英雄譚に起源を持っているようであった。この歳になって始めてそんなことを知ったというのは恥ずかしい限りなのだが、ともかく、そのことにまず驚いた。しかも、その種の話が毎年、そうした晴れ舞台で披露されていることに思い至り、遅まきながら、ショックを受けた。

その昔に、アナウンサーが個々のだんじりの縁起の紹介をスピーカでしていた訳もなく、これはおそらくは近年の習慣なのだろう。しかし、もしその昔に紹介がなされていたならば、きっと「征伐」という言葉が使われていただろう。さすがに時代は違うというわけで、「壬申の乱」という当たり障りのない言葉が使われていたのだが、しかし、少なくとも私の世代なら、それが「朝鮮征伐」と呼ばれていたことを知っている。そのように教えられた。現に私はその紹介を聞いて、直ちに「征伐」という言葉に自動翻訳して理解した。

さて、名称は変わろうとも、だんじりの縁起と「朝鮮征服の英雄譚」が重なるものとして語られているということは、それが誇らしいことであると看做されているからに違いなく、真偽定かならぬそうした歴史或いは神話、伝承が、人々の情動の発散の起源として祀られ、毎年、お祭りの度に人々の心身と記憶に刻みつけられているのである。

尤も、その祭りを担っている人々、或いは単に観衆として参加している人々にとって、その縁起物語がどれほどの意味を持つものなのかよくは分からない。そうした伝承など、若い人々は一顧だにしないのかもしれない。しかし、その祭りの起源（本当は祭りの起源ではなく、先ほども記したように、各地域のだんじりのそれにすぎないのだが、各地域の人々にとっては彼らのだんじりこそが祭りのスターであるに違いないのだから、この言いかたも全くの誤りとは言えまい）の確認が毎年なされているという事態、これを地域の人々はどのように考えているのだろうか。この地域にはその昔には数多くの紡績工場があり、そこには朝鮮から数多くの若い女性が集められ、空気の悪い工場内で厳しい労働に苦吟したらしく、今でもその後裔が多く住んでいるはずで、当然のこと、だんじりに熱中する老若男女の中には数多くの朝鮮人もいるにちがいない。その彼ら彼女らはどのように考えているのであろうか。

「だんじり」に情熱を燃やす若者のきわめて「健康」な情動、その中核に、日本の歴史にまつわる、現代的常識から言えば忌まわしい神話が居座り、生き続けている、といったことにはならないのだろうか。どこの国でもどこの地方でも、その祭りの中核には様々な神話、時には忌まわしいそれが居座っているのだろうが、そうした祭りと地域の現在とはどのように絡み合っているのだろうか。

因みに、こうした大きな祭りを持つ地域では、長い歴史を持ち、それだけに見事に組織された奉賛会が、地域の中核となっているに違いなく、それがその地域の互助組織、あるいは行政の下請け組織、或いはまた、権益守護団体であるはずの地域組織、例えば、自治会もしくは町会とどのように重なり、どのようにずれているのか。そこで個人の「意志」はどのように生かされ、或いは、圧殺されているのか。

さらにはまた、そうした地域で、「よそ者」はどのように見られ、処遇されているのか、また、彼らは自らをどのように位置づけて、地域の一員として生きているのであろうか。そうした事柄の実態調査はないのだろうか。

それがなされれば、現時点における日本の多民族共生の実態の一端が垣間見られそうな気がするのだが。

行政、市民、自治会

さて、これまでに幾度か小出しにしてきた、自治会会員と非会員との軋轢に足を踏み入れてみる。

あの痛ましい震災を経て、地域住民の相互扶助、そして地域住民と行政との連携の必要を痛感した市町村などでは、自治会への加入を市町村民に促し、加入していなければ市民サービスを受けにくくしている場合もあるらしい。例えば、ある市では、自治会中心の市民サービスを公約に掲げ当選した市長が、市民に対して自治会加入をほとんど強制に近い勧奨をし、組織率九割を越えているという。そうした目覚しい数字はやはり、その地区が被災地区であったことと切り離せないだろう。まだあの痛ましい記憶が新しい住民たちは、手を携えて行政に積極的に働きかけない限り、地域の問題、或いは地域の復興は一歩も進まないことを痛感し、その方向で努力しているのだろう。

しかし、そうした特例を除いて、自治会への加入・非加入で行政のサービスにさほどの差はない。それは住民サービスの公平性という行政にとっての必須の原則に発しているのだろうが、その裏面には不公平を伴いがちである。自治会といった住民組織に加入し、行政に協力することで勝ち取った何か、それを享受するのは、「頑張った人々」に限られない。何も努力もせずに他人が勝ち取った成果を「ただどり」する人たちが、数の多少に関わらず必ずいる。しかも、そうした人々は、自分が享受しているその便宜が、誰かの努力で勝ち取られたものだとは知らない。或いは知っていても、それを意識に上らせず、むしろ、「自然」なことと看做しがちである。

そうしたことから、自治会の会員と非会員との間に軋轢や反目があっても不思議はないのだが、実際には公然とした軋轢には至らない。自治会会員、それも相当に地域の為に尽力されている方たちの一人相撲となりがちである。というのも、先にも述べたように、非会員には自分が得をしているという意識はなくて、面倒はただただ嫌だから関わらないだけで、向こうから（何処から？）与えられたものを享受するのは、市民としての当然の権利といったところだろうから。

さて、行政にとっては住民の窓口が一本化されることが望ましい。行政の意思が伝わりやすく、意思を実現しやすい。逆に住民の利害が調整され一本化されたうえで要望が上がってくれば、それへの対応も比較的容易ということになる。また、そうして一本化された住民組織に関わる人たちは、一定の経験を土台に、行政に何ができて何ができないか、ある程度事情を把握しているから、交渉も手っ取り早い。というわけで、経済効率的にも望ましい。今後、行政の経費節減の嵐の吹き荒れる中で、行政のサービスを経済的に施す為には、行政の下請け的な仕事を受け持つと同時に、行政に住民の意思を伝える媒体としての住民団体の必要性は高まるだろう。

他方、住民の側はどうだろうか。震災など市民と行政との一体化が必須であることを実感した記憶が生々しい地域を別にして、住民の住民団体に対する考え方、態度は多様である。しかし、無理を承知の上で、四種類に大別してみる。

①住民団体など不要だし、関係するつもりはない。

②住民団体など不要で、できれば関係したくはないが、しかし、その意思を貫こうとは必ずしも思っていない。それなりの近所付き合いというものも必要だから。

③住民団体は必要だとは思うが、積極的に関わろうとは思っていない。

④住民団体は是非とも必要なもので、自ら積極的に関わるし、周囲にも誘いかけるべきと考えている。

①は自治会とは無関係。②は居住地域に自治会があればそれに加入するが、なければ加入しない。③も②と同様だろう。④は自治会があればそこで、積極的な働きをするだろうし、なければ、それを結成するべく努めるだろう。

さて、一般的な趨勢としては、かつては②③が大勢を占めていたのに、今や徐々に多数派が①②に移行しているのではなかろうか。つまりは自治会的な団体の意義を認めない人が増えているということに他ならない。ところがそうした人々も、主に自治会の役員の努力で行われている様々なイベントには参加する。その代表が、地域の運動会や夏祭りである。しかも、そうしたイベントには非会員もまたたくさん参加する。丁度、伝統的な祭りには祭りを担う人とただただ参加する人がいるというように。

しかし、大いに異なるのは、伝統的な祭りは「俺たちの祭り」であって、それを担う人々が主人公であるから、参加者はそのスター達を見物し、そのおこぼれを頂戴するのに対し、現代の地域のお祭りや運動会は、担っている人たちはあくまで裏方で、参加者がスターであり、かつ観衆であるという点であろう。こうして祭りや運動会の実りを彼ら彼女らが奪い取っていくということに。

こうした事態に対して、裏方の人たちの不満は募るだろうが、しかし、その種の「ただ取り」をする人たちを排除してその種のイベントがなされるわけにはいかない。例えば、市の補助金はその地区の住民全員に対して支給されており、その意味では、ただの参加者とて、十分に権利を主張することができる。というわけで、裏方の方々としては、「ただ」の観衆に対する諦め、恨みといった感情をなんとか押さえ込みながら、その一方で、地域に奉仕しているという「生き甲斐」や責任感に活路を見いだしていくことになるだろう。しかし、住民の権利義務の公平性という観点からすれば変則的なそうした事態がいつまでも続くだろうか。

一般に現代の都市社会では、こうした分離、分裂から次第に住民組織自体の崩壊という構図が浮かび上がってきそうなのだが、それが住民自治という理想とどのような関係を持つのだろうか。また、既に述べたような、行政の住民への業務委託の増加といった傾向と、そうした実際の住民の分離、分裂といった傾向との矛盾はどのように解決できるのだろうか。

いっそのこと、行政と住民個々の間に一切の中間団体がないほうが市民社会としてまっとうなのだろうか。あるいは、こうした中間団体の欠如（もしくは空洞化）は、国家と市民との分裂、或いは対立をもたらすのだろうか。或いはまた、今とは異なる原理に基づく中間組織が今の自治会その他の役割を肩代わりすることになるのであろうか。

今や中間団体として頭角を現しているのは、かつての市民運動の流れに位置すると思われるNPOやNGOなのだが、それと自治会的なものとではおそらく構成原理が異なっている。行政と個人の間にあって、「普通」の、つまり権利意識も義務意識も希薄な「市民」たちの曖昧な肩代わりをするといった組織として、行政側に近い町会、個人の方にやや近いかと思われる自治会、そういうものと新しい潮流がどのように絡み合っていくのだろうか。

「よそ者」の硬直と脆弱さ

この社会に自治会のような組織が今後本当に必要なのか、必要だとしてもそれが誰にとって必要なのか、また、どうすればその必要を満たすようなものになりうるのか、といった数々の原理的な問題が殆ど手つかずのまま残っている。それにまた、私の叙述は殆ど私の体験と推測の域を出ないから、本当のところ、大きく異なるであろう地域ごとの実態さえも明らかでない。そこで、具体的な提言なり、将来の可能性について記述しようとするなら、それに先立って、信頼の置ける実態調査が必須だろう。そしてそこでテーマとされるべきなのは、例えば、以下のような事柄であるだろう。

一．行政と個人の関係　二．行政と地域団体の関係　三．行政と市民団体の関係　四．市民団体と地域団体との関係　五．市民団体と土地の伝統の関係　六．地域団体と土地の伝統との関係

さらには、私が「在日」であるという個的条件や関心に引き寄せて言えば、

七．「在日」の諸団体（とりわけ、地域の末端組織）と日本の地域団体との関係　八．在日外国人と地域の伝統との関係　九．在日外国人と市民運動との関係　一〇．在日外国人と行政との関係

こうした一連の実態調査がなされれば、現代日本社会における「共生」の実態とその歴史的意義、さらには将来の日本の市民社会の像が浮かび上がってきそうな気がする。

というわけで、私としてはそうした研究の可能性に言及するにとどめて、専門家にバトンタッチせざるをえないのだが、この体験記の一応のまとめとして、個人的な総括をメモ程度に書き留めておきたい。因みに、改めて言うまでのこともなかろうが、誤解のないように敢えて付け加えたい。この文章は私の個人的体験の記述ではあっても、決して個人的な心覚えにとどまるものではない。「私の体験とその言語化」は現代日本の「草の根組織」とそこに生きる個人という大きなテーマに属するケーススタディーに他ならず、現代日本に普遍的な問題を現場から探求する為の「叩き台」として、この駄文は試みられている。

がともかく、まとめに代えて、である。

今更言うまでのこともないが、私の個人的な欠点を数え上げればキリがない。しかし、ここで直接に関連することに限ってあえて言えば、私には日本人、とりわけその社会に対するある種の怯え、或いは、遠慮が体質化していて、それが必要最低限のリーダーシップを発揮する際の「縛り」になっているよう

な感じがする。私が一個の市民としてのエゴないしは権利義務といった理屈を持ち出して、人々に応分の責任を要求していれば、できるはずもないことを抱え込んで苦しむことも少なかっただろうし、私と共に委員を引き受けねばならなかった人たちも、もっとドライに仕事をこなすことができたかもしれない。その意味では私に巣食う、対日本人、さらには対日本社会に対する及び腰が、如実に露呈したと言わねばならない。それと今後どのように向き合うかはもちろん私一個の問題に過ぎないのだが。というのも、それはひょっとすると、対日本人ばかりか、対社会一般、対人間一般に対する私の病弊という根深い問題の症候群の一つにすぎず、それと向き合うのは、私に残された人生の大きな課題になるかもしれないからである。

ついでは、上で述べたことと無関係ではありえないのだが、排除と共生の問題がある。人間には想像力が備わっているとは言うものの、やはり実際にやってみないと分からないことが多い。少なくとも、参画できる可能性の扉が開いていないと、なけなしの想像力すらも作動しない。そこで、一種の反動もしくはアリバイ証明というわけで、図式的な批判を鎧にして、そこに閉じこもるということになりかねない。

「在日」であるという事実を理由として、私にはやれないことが多すぎた。そのせいもあって、日本の社会は云々、といった類型的な批判を胸にして、その一方で怨恨や羨望を育ててきたようである。こうした「はずれ者」を出さないことが社会にとって重要だと、すこぶるありきたりではあるが、改めて思う。

排除するから、排除された者は外部からの、一面的な批判に追い込まれる。そして全部とは言えなくとも少なくとも一部は正当かもしれないその批判も、内部には決して届かない。両者の間に障壁が聳え立ち、互いに対抗性の罠にはまり込むことになる。こうした悪循環、それを断つには、あらゆる領域で、他者を取り込む努力がなされるべきで、それなくして、この社会、とりわけ、地域社会は存立し得ないだろう。

それは下手をすれば、ただの「ガス抜き」になりかねないが、たとえそうだとしても、ガスを滞留させれば、暴発の危険がある。そしてそれが暴発した時に、もっとも傷つくのは、決してマジョリティではない。むしろ、これまで十分に苦しんできたマイノリティである。しかも、その安穏を決め込むことが許されていそうなマジョリティも、実は、ある局面に至ると、個々が、あるいはその個々の集団が、マイノリティ化されて、匿名で抑圧的なマジョリティと向き合い、圧迫されることになりかねない。そうした、次々とマイノリティを分泌し、それを抑圧することによって成立しているマジョリティといった「運動」或いは「論理」を断ち切らねばなるまい。それは人々を苦しめる。

最後には、現実感覚の養成の問題がある。たとえ「よそ者」であっても、「身内」なるものがもつ保守性、エゴというものを実際に内部で経験すれば、よそ者が故に育んできた理想主義は傷つくことを余儀なくされる。傷つくことを恐れて、身内から身を離して、外側から批判に終始するのは気楽だろうが、それは生産的ではないし、「健康的」でもなかろう。たとえ傷ついたとしても、その傷は必ずしも悪いことではなくて、現実に根ざした何かを生みだす契機になるかもしれない。今回の経験は、私がいまだに保持している「青二才的な理想主義」あるいは「斜に構えた理想主義」、そうしたものの化けの皮を剥ぐ契機になりそうなのである。そうした理想主義を捨て去らねばならないというわれなどないが、その有効性と無効性の両面を肌で思い知ることができたのだから、むしろ感謝しなくてはなるまい。

「よそ者」にもこうした体験の可能性が現にあるということは、様々な共生の一様態に他ならず、たしかにこの社会は共生への道を歩んでいるということなのだろう。要は、この道をさらに推し進めることを「よそ者」と「地の人々」とが手を携えて、「私たち」の課題として引き受けることができるかどうかということになるだろう。

第2部

minority report

不安と防衛

閉塞感と不安が何かを生み出しつつある。防衛意識である。つまりは、「無垢」な人々の集まりであるこの社会を脅かす何者かを、実体化され、可視化された敵として外部に表象し、「我々」を「彼ら」から守ろうというわけである

第一章　世界と私たちの情動

イラク戦争や北朝鮮の拉致、核疑惑など、このところ、世界はどうにもきな臭い。身辺雑事にかまけて、社会的不感症の疑いの濃い私のようなものでも、日常生活の現場で「大問題」と通底していそうな事象に遭遇することが多くて、それなりの気持ちの揺れを経験する。そのあたりのことをぶらぶら経巡っての与太話を一席。

戦争とサーズ

イラク戦争はいくら危機を言い募っても、やはり対岸の火事という印象が否めない。他方、サーズ騒ぎのほうは、なるほどこれも他人事であったとしても、はるかに身近に感じられたようである。一衣帯水の国、中国や台湾が主たる汚染地ということもあるし、それに加えて、この国際化の時代である。現に私の周囲にも、長らく顔をあわせないのでどうしたのかとメールで尋ねたところ、あの菌が怖くて当分の間外出を控えていた、と返事をよこしてきた女性がいる。これは極端な例かもしれないが、「菌」は近いところにあって隙を窺っているとの懸念がここ大阪にもあるようなのだ。

その上、この騒動は謎めいてもいる。伝染病を媒介しているのは小動物らしいのだが、まだ確証はないようだし、伝染の仕方についても初期には諸説あって、無差別かつ強力な伝染力を備えているかに感じられた。こうした曖昧で収縮自在の話は人々の想像を膨らませ、噂は噂を呼ぶ。噂というものは人の体感、さらには情動を刺激し、心情の歴史を蘇らせる。もちろん、メディアがこんな好機を逃すはずはない。噂はマス・メディアの介入によって、客観的真実の色合いまで帯び、人々は狂奔する。

さて、中国でのこの病の発生が伝えられて以降、日本在住の中国人の方々から、興味深い説をいくつか拝聴する機会を得た。

先ずは、陰謀説である。これはアメリカと台湾の結託による陰謀だ、つまり、菌は中国を標的にした生物兵器だというのである。肉親の方々が生活する大都市が、その菌に襲われ、心配と恐怖がどんどん膨らんでいる最中のことであった。いきおい、口ぶりは確信に満ちていたし、心配とそれと裏腹の憤懣が表情にはっきり現れていた。当方としては、大いに驚いた。挨拶代わりに持ち出した話題が思わぬ結果を招来したことでまごついたこともある。何とか話を本筋に戻すために、茶々を入れて笑いでごまかそうとしたくても、その機を見出せなかった。

ここで誤解のないように一言。こうしたエピソードを持ち出すのは、中国人一般のナショナリズムを言挙げするためではない。ましてやその陰謀説を嘲笑しようというわけでもない。そもそもが、彼の真意さえも定かではないのである。例えば、台湾の汚染も相当に深刻であることが判明して以降もなお、その方が同じ疑惑を持ち続けておられるのか、はたまた、どこまで本気でそうした説を開陳されたのかもわからない。

ひょっとすると、日頃の私の評論家ぶった言動に対して、ちょっとした悪戯をされたのかも知れない。

現実を動かすのは、何よりも人間の利害関係であり、さらには、そうした利害と無関係ではありえない情念であり、そうした要素を計算に繰り込まない思考や言葉など、現実を前にすれば一挙に吹き飛ばされてしまう。そういったことを、彼はごりごりのナショナリストの役をかってでることで、中年になっていまだにウブなこのおっさんに教えてくださったのかも。それならその狙いは的中したといわねばなるまい。それにだいいち、彼の地の肉親に対する心配という譲れぬ現実感があるわけだから、他人の不幸を不用意に話題にして話のとっかかりをつけようとした、私の浮ついた品性を倫理的に批判する権利を備えていらした

ともあれ、それから程なく、これまた同じ中国、但し、先の方は首都圏出身であったのに対し、今度は南の雄である上海出身の方から、我が故郷は大丈夫、といかにも自信満々の予測をお聞きした。同じ中国とは言っても、上海と北京では格段の違いがあると、言外どころか、誇り高くその方は仰った。言わば上海パトリオチスム。私のようなものですら、上海は人口の流入が激しいことで有名な大都市であることくらいは承知しているのだから、その上海が大丈夫などと何故言えるのか、大いに面食らった。また、彼自身も根拠をつまびらかにされはしなかった。「上海は別格」というのは、いちいち論拠を明らかにせずとも周知のことと考えておられたのであろう。繰り返しになるが、その語り口は確信に満ちていたので、これまた、突っ込みを入れるタイミングを逸して、ただただ拝聴ということになってしまった。

その後、上海でも患者が出たという報道があったはずで、そういう事情もあってのことか、同じ話題が蒸し返されることはない。しかし、なるほど上海ではほとんど広がりを見せなかった模様で、彼の言

の半ばは当たっていたことになりそうである。上海は何故大丈夫だったのか、ひいては「上海別格説」の真偽とその根拠をいつの日か詳しく知りたいものである。

さて、事態が一層深刻化し、北京当局の情報秘匿が被害の拡大をもたらしたとの非難が高まり、当局者が罷免されたという報道の後でも、またしても別の中国の方から、相当に手厳しい話を伺うことになった。「あの国では人間の命なんて大事にされるわけがない」と、その方は寂しげに、また憤りを抑えこむように、漏らされた。

このように中国を断罪するような話が珍らしいというわけではない。例えば、「中国通」の日本人からよく似たことを聞かされたりもする。知れば知るほど中国は巨大かつ深遠で、その潜在能力に対する恐れが根元にありそうで、その心理的代償として侮蔑でもって貸借勘定を合わせる趣があって、聞いていて気持ちのいいものではない。ところが、いざ当の中国人からそういう言葉を聞くと、狼狽えて、言葉を返すことができなかった。

尤も、この種の言葉を額面どおり受け取り、吹聴するのは甚だ危険である。彼が祖国を心底嫌っているとか、祖国への絶望からそうした言葉が漏れた、などと結論づけるわけにはいくまい。現に彼は舌の根も乾かないうちに、いつかは中国へ帰って暮らしたいと、付け足した。つまりは、祖国に対する激しい愛が故の一種の「ため息」だったのだろう。外国にいると祖国が恋しくなるが、その反面、祖国からみの否定的な事件が取りざたされると、肩身が狭く、祖国がひどく情けないといった気持ちにもなったりするようである。身内の恥という感じ方が、誤解を招きかねない言葉を誘発したりもするのであろう。

以上のエピソードは、元来が私的な雑談の中でのことで、そのうえ断片的なやりとりに過ぎない。そういうものを取り上げて云々するのは信義に悖ると思われるかも知れない。しかしながら、私たちは「建前」だけで生きているわけではない。むしろ公的な場では抑え付けざるを得ない何かが、私たちの思考や行動に大きく作用する。極端な言い方をすれば、個人的な好悪や過去の数々の因縁などに、ご立派な理屈をまぶして、人間や物事を断罪したり、理論が形成されたりもする。もちろん、そんなペテンなど、学問とは無縁とおっしゃる方もいるかも知れないが、しかし、現実世界では、むしろそうした「際物」こそが、大きな力を振るって私たちを苦しめる。歴史を振り返ってみれば、学問や思想もまたその弊を免れていない例が多々ある。だからこそ、私たちはそうした情動のレベルと理性のレベルの乖離に橋を架けて、思考し、さらには行動するべく努めなくてはなるまい。私的な会話を持ち出す野暮を重々承知しながらも、その禁をあえておかしている所以である。

ある日本人記者の怒り

さて今度は、少しは私的な領域から抜け出たい。しかも中国本土を離れて台湾へ。サーズは国境を越えるし、その病原菌と同じく、ナショナリズムもまた軽々と海峡を跨ぐ。というより、どこにだって、「菌」は潜んでいたり、表舞台で活躍していたり、ということのようなのである。

日本へ観光旅行で訪れた台湾医師にまつわっての例のサーズ騒ぎの話である。

その医師が所属する病院の記者会見で、彼が買春をしたのかどうかを巡って、日本人記者が厳しい質問、さらには難詰したあげく、退場したという。

この話、幾つかの点で私を驚かせた。まずは彼が現地の言語で病院当局を激しくなじった点。日本の新聞社の海外特派員が、先方の国の人をなじれるほどにその国の言葉に習熟しているという例がどれほどあるのかよくは知らないのだが、西洋ではなくアジアの地で、その種の手練れの日本人記者が現にいるという事実に驚き、感心したわけである。私はやはり相当に世界に疎いようである。

さらには、彼のいわば「侠気」に驚いた。というのも、例の「瀋陽」の領事館での亡命騒ぎでも世界中に明らかになったのだが、個人としての日本人は外国人に対してすこぶる弱い。（あの事件については、あの領事館員と私は似ているといった奇妙な感慨をも含めて、思うことが多々あるのだが、それについては場所を改めて論じるつもりである）

例えば、外国で日本人を見かけると、いかにもきょろきょろ、怯えている感じがする。但し、非日本人だって心中では同じなのに、その挙動から内心を推測する眼力が私に欠けているだけなのかもしれない。それにそもそもが、ずいぶん失礼な物言いである。釈明が必要なようである。

先に述べた私の日本人観は、私自身を省みての自画像の投影の可能性が強い。それに加えて、「身内」の恥は拡大して見えてしまうという事情も作用していそうである。但し、こんなことを言うと、またしても釈明を施さねばならない。いわば釈明の二乗である。我ながら、やっかいな人間であると呆れるが、それより何より、読者にご容赦をお願いしなければなるまい。

知る人ぞ知るように、私は日本人ではない。その非日本人が日本人のことを身内の恥だとか、自画像の投影などとは、生意気千万といったお叱りが返ってきそうなのだが、私は日本で生まれ育ったいわゆる「在日二世」で、歳を取るに連れて「日本文化人としての私」という自己規定が肌に馴染んできている。だからこそ、そうした己を振り返ってみて、ということなのである。というわけで、身内意識云々も、そうした事情を勘案していただければ、許容範囲とご容赦いただけるのではあるまいか。

例の若いお医者さんに戻ることにしよう。彼が日本で買春をしたのか否かといった事実関係に私はほとんど興味がない。しかし、そうした疑惑に絡んで日本人記者が当の国の人たちを前に、しかも公的な場で、激情を露わにしたことには大いに関心をそそられた。

と言っても、この関心、一般の方から見れば、異常に映るかもしれない。私には個人的な閲歴が作用してなのか、世の大人にとっての常識が著しく欠如するばかりか、多くの思い込みを抱えていて、それが驚きの土台をなしているようなのである。

先ずは、日本人や日本の社会に対する理想化というものがある。在日朝鮮人二世が何をまた奇妙なことを、と驚かれるかもしれないが、社会の周辺で長年生きてきて、この社会の中核の実態を知らないから、それをついつい理想化する傾きがある。日本人は公的な場では感情を抑えるものだ、紳士淑女なのだ、それが日本の、あるいはアジア的礼節だなどと。だから、もし公衆の面前で感情を露わにするような人、とりわけ他人を面罵するような人がいれば、その人は人間としての評価を下げるなどと。私が長年生きてきた「おっさん、おばはんの世界」と、私が足を踏み入れたことのないフォーマルな世界とは違うと思い込んできたのである。

もちろん、その一方で、地位や権力を盾に、むしろそういう「恥ずかしい姿」をこれ見よがしに誇示されて、それを自らの権威や力の発露と見なしているかのような方も多くいらっしゃり、現に大学であれ会社であれ一般世間であれ、「声の大きいものが勝ち」という言い方があって、それが常識だと言う人も多く、そういうことを私は知らないわけではなかった。しかし、長年の非常勤講師稼業といういわば自由業もしくはフリーター生活が故に、組織や社会の経験がなくて、その種の常識を実感するには至らなかったのである。

尤もこのところの私は、ご自身の権威を高める為の生け贄にされる体験を幾つか経ており、この世は金や地位があれば、「恥も外聞もない」という「知恵」をようやく身に付けつつあるのだが、しかし、長年の思い込みの残滓は根深いものがあるようだ。人前で声を上げることを恥ずかしいことだと思いこんでおり、時にはそのほうが決着がつきやすすそうだと思っても、それができない。そして、「昼間」のそうした礼儀の反動なのか、酒に酔うと、ついつい羽目をはずして、翌朝気がついてみると、あちこちに擦り傷や打撲の跡が残っていたり、筋肉痛に苦しんだりまでする。馬鹿は死ななきゃ直らない、を地で生きているわけである。

しかし、今話題にしている日本人記者の場合は、上に述べた「常識」のラインで考えるわけにはいくまい。何故なら、彼の出来事は内輪で生起したものではなかった。つまり、内輪の常識、力関係とは異次元の時空でのことだった。

彼はかの地で、一人のジャーナリストとして発言しているつもりだったかも知れないが、状況からすれば、彼の個人的な思惑とは別に、彼は日本人一般の代表と見なされることを避けがたい。そういう状況下での彼のあの激情の爆発は何であったのか。

実際のところは、彼自身が事実をつまびらかにするのを待つしかなく、私が勝手な想像を逞しくする必要などあるはずもない。しかし、私がこの種の文章で問題にしているのは必ずしも「真実」ではない。ある出来事に対する私たちの情緒的反応である。その一例として、あの出来事に対して私がどのような感じ方、さらには想像の仕方をするのかを差し出して、批判に晒したいわけである。つまり、ここでは私の想像力の根にこびりついている「感受性の形」が問題なのである。そこで、彼について私なりに問題を設定し、想像力を働かせたいのである。

二つのレベルの問題がある。何が彼を激高させたのか。彼が憤ったのは、買春という行為なのか。外国人の日本におけるそれなのか。医師の職業意識の欠如なのか。或いはまた、病院の対応、病院を筆頭とする台湾全体の態度なのか。次いでは、何故彼は、周囲を彼の地の人々に囲まれながらも、あのような挙動に至ったのか。あるいは、何故それが出来たのか。

こと細かく立ち入る余裕はないので、全般的に考えてみる。

買春観光を難詰するなんてウブな記者さん、などと言う気はない。とりわけ外国人による同胞女性に対する性行動は、男性を著しく感情的に刺激するもののようである。（その心理には性意識とナショナリズムに絡んで相当に問題視すべき事柄が多々含まれているのだろうが、そこには踏み込まない）

例えば私なども、両親の生まれ故郷の韓国済州島へ墓参に赴くたびに、日本人観光客の買春観光の実態に直面することを避けられず、そればかりか、往復の飛行機上などでの、彼らの韓国人スチュワーデスなどに対する傲慢な態度、さらには、傍若無人になされる仲間内の話題の下劣さにうんざりしているので、売春などは有史以来のことで、目くじらを立てるのは大人のやることではない、などと達観できるわけもない。そういう意味ではだから、記者さんの激高がわからないわけではない、とひとまずは言える。

しかしながら、日本人が外国でそれも公的な場所であれほどの激高を示すほどのことなのかどうか、そこには相当に屈折した心理的回路があったのでは、あげくは、日本的ナショナリズムの激発ではなかったのかなどと、想像をたくましくするのである。例えば、こうである。彼の体内に染みついたアジア蔑視という「歴史的身体」が露呈したのでは、と。

しかし、これでは単純化が過ぎる。もう少し、立ち入ってみる。もちろん下司の勘ぐりの嫌疑は免れがたいのだが。

あれほどの語学力を備えるということは、その人がその地、その地の人々、さらにはその社会や文化に相当に入れ込んだ閲歴を想像させる。いわば、彼はその文化に恋した人だったのではなかろうか。その「恋」に冷や水をかけられることも多々あったであろう。日本人の台湾での買春観光などには彼は日本人として肩身の狭い思いを余儀なくされたにちがいない。しかし、それに耐え、恋してきたのではなかろうか。

ところが、局面は大転換し、日本人の買春観光を激しく糾弾してきた当の台湾人が、経済成長を背景にして、今度は日本で買春をした。こうなると、彼の耐えてきた恋は大きく傷つき、その反動として、愛は憎しみに転化する。こうした安物の恋愛ドラマもどきの筋書きが事実に近いと信じているわけではないが、私の想像はさらに進む。彼の恋自体が、個人の恋ではなかった。彼の恋はナショナルなものに制約された恋に他ならず、そこに秘められていた「日本人意識」がここに至って前面に躍り出たのだと。例えば、彼の恋は、優越意識と罪責感、それと裏腹の同情といったものを払拭できるものではなかったのだろうと。

要するに、日本とアジアの「関係の不幸」は、今なお清算されてはいない、というお決まりの感じ方、それによって私の情動や想像力は限界づけられているというわけである。

都知事の話

最後に、改めて身近な日本国内に戻って、跋扈する菌のひとつ。あの放言大好きで、それも与って大いに都民の人気を博している東京都知事さんの話。

私はテレビをほとんど見ない人間で、その上、新聞もあまり読まない。何より、面白くないからなのだが、その昔、まだ小学校時代に、新聞の隅々まで読んで世界への欲望を膨らませていた「おませ」の反動なのかもしれず、それに加えて、中年も深まり、世間のことより、自分の生計を立てるのに汲々している結果、いろんなことに興味を持てなくなっているからなのであろう。前振りでも述べたことだが、社会的不感症という病にかかっているわけである。

しかし、私は私一人で暮らしているわけでもなく、家族がおり、日本の一般の家庭ではテレビが中心を占め、見ようが見まいが、テレビの音声が一種のＢＧＭとして機能しており、否応なく、テレビの情報を小耳に挟むことになる。そしてそういう場合に、記憶に残るのは、たいていが愉しいことではない。というわけで、好きでもない慎太郎兄貴（私はあの裕ちゃんの映画で育った世代なのです）の、人を馬鹿にしたような放言の口ぶりの残像が私の心に棘のように刺さって、不快感を引き起こすのである。

今回の放言も、大して新味はない。サーズ騒ぎにまつわっての中国批判で、「今回の事件でも明らかになったように、あの国はまともに相手にできるような国ではない」と、彼は、口元に侮蔑の笑いを浮かべ、例の目をパチクリさせながら宣った。そしてその延長で、北朝鮮に対する罵倒と政府の弱腰外交批判。毎度のことではあるが、「ざらっ」とした感触を拭えない。但し、私にとっての問題は、彼の放言の底にある何かであり、それと結託したメディアであり、さらにはそれを受容するこの社会の人々なのである。

ポピュリスト政治家らしく、彼の放言は相当に計算されているに違いなく、そうした計算の根底、的確な現状認識が私を不安に陥れる。彼の「放言」とあの侮蔑的表情は、選挙民さらには日本のふつうの人々の「飢え」と共鳴している。彼はそのことを確信している。なるほど、そうした言動によって、あれほどの得票を獲得し、希望を託されている現実を見れば、彼の判断は正しい。その正しさこそが、私を大いに困惑させる。アジアの共生、世界の共生というものがいかに難しいものかを改めて思い知らされる。

きな臭い政治情勢に加えて世界同時不況の影のせいもあってか、閉塞感と得体の知れない不安が漂っている。しかも、近い将来の大震災の予測も現実味を増しつつある。阪神大震災の記憶は底に沈んでいるようだが、慢性的な不安として、この社会に影を落としているようである。

そうした閉塞感と不安が何かを生み出しつつある。防衛意識である。つまりは、「無垢」な人々の集まりであるこの社会を脅かす何者かを、実体化され、可視化された敵として外部に表象し、「我々」を「彼ら」から守ろうというわけである。

実のところは、この社会の不安の源はこの社会の内部にある。この社会が戦後六〇年にわたる繁栄の陰で育んで来た退廃にある。誰もがその利益を授かってきたから、当然その責任を負わねばならない内部の問題、しかし、解決するにはあまりにも大きいその問題の責任を何者かに転嫁することで、主体的責任は解除され、人々は肩を組み、無垢な集団として、敵に対峙する。そうした事態が進行する現場に私たちは生きている。その現場の内実を捉え、明示的に表現する言葉をはたして私は持ちうるか、それを試してみたい。

第二章　瀋陽事件と帰属イメージ

帰属イメージの揺れ

私は日本で生まれ育ったが国籍は韓国で、いわゆる「在日二世」である。そういうこともあってのことか、「民族」なるもの、あるいは帰属の問題には過敏になりがちである。そこで、「被害妄想」に伴うルサンチマンの現われなのか、この社会で何かいやなことがあるとついつい、「日本の社会は」とか「日本人は」というような言葉でものを考えるばかりか、実際にその種の台詞が口をついてでてくることもある。

そんなわけだから、時には不審を招いて、民族主義のラベルを貼られたりする。他人に貼り付けられたラベルは気持ちのいいものではないから、当然、反発もする。しかし、いざ虚心に己を顧みると、その反発には少々後ろめたさが伴う。生まれてこの方半世紀以上にわたってこの社会に生き、その「恩恵」を享受しておりながら、その否定的な側面だけからは自分を除外して、責任逃れをしているのではないか。いい年をしながら無垢を気取っているのでは、などと。

そうした腰の据わらない内心が時には面に現れるからか、私と同類だと思いこんでいる「在日」の側からは、逆に「民族虚無主義」などと非難を浴びせられたりすることもある。というわけで、私のどこかに、民族や帰属に関して曖昧な部分が、あえて言えば、「ぶれ」や「矛盾」があるのかもしれない。要するに、自分で信じているほどには、私の帰属イメージは不動のものではなさそうなのである。

たとえば、海外からやってきた非・日本人が、日本のことをよく知らないはずなのに、日本人或いは日本の社会のことを手厳しく批判するのを見ると、私はまるで自分が日本人になったかのように釈明の衝動に駆られる。日本の社会の微妙なニュアンスを伝えて、理解を求めようとするのである。つまりは、私は誰に頼まれたわけでも、また、それを許されたわけでもないのに、勝手に日本人を自分の身内扱いし、その「身内」の弁護に努めてしまう。

尤も、そうした努力は、必ずしも帰属の問題に収斂させるべきではないのかもしれない。私を理解してもらいたい、それにはまず、私が生きているこの社会を過不足なく説明しなければならない、という気になる。過剰な自己愛の所産ということなのかもしれない。

因みに、そうした場合にはたいてい、あらかじめ、私の国籍は日本ではないことを伝えたうえで日本弁護の論陣を張る。つまり、非・日本人である私の日本人論、もしくは日本弁護論は、それなりの客観性を備えているはずで、受け入れられて当然、という含意をこめているようで、他人から見れば責任回避の小賢しいレトリックと聞こえるかもしれない。ともあれ、「この社会の同伴者、理解者としての私」という像が私にはあるようなのである。

さらに言えば、この私が日本人以上に、それも当の日本人に対して「日本人という身内」を弁護することさえある。

たとえば、海外で、「あちらの国」「あの人達」といった言い方で、他でもなく日本人が日本・日本社会を批判したりする現場に居合わせることがある。「私はあの連中とは違って、広い世界を知っており、その広い世界の住民であり、狭い島国根性とは無縁なのだ」といった口吻、私はすごく不愉快になり、ついつい反論に至ったりもする。この種の私の反応ははたして何に由来しているのだろうか。

先ずは、非・日本人である「私」への「媚」を見て取り、共犯への誘いをかけられているような気持ちになる。その誘惑に乗ってしまいたい、しかし、これは何かの罠ではないかとの警戒心も拭えず、もやもやとした気分に覆われる。また、そうした日本批判によって、語り手が自らの潔白のアリバイ証明をしているかのように聞こえて、これまたざらっとした感じがする。しかも、そうした姿は、私がこの社会の欠点から自らを引き離し、それでもって自らを無垢と見なそうとするのと同型の自己救済に思われ、自己の似姿を相手に見出して、同質の自己欺瞞にいたたまれないということかもしれない。しかし、それだけではなく、もっと根深い不信が作用しているのかもしれない。

私からすれば、そうした日本人は日本人としての「特権」を享受していながら、その事実には蓋をして、「いいとこ取り」をしているように感じるのである。私は生まれてこの方「在日」であるが故の不利益に耐え、それを引き受けて生きてこざるをえなかった。その私と比べて遥かに有利な条件で生きてきたばかりか、私にそうした不利益を強いてきた当の日本人の一人なのに、そうした経緯を無視して無責任なことを言うのは許されない。日本人であることの正負を全的に引き受けてもらわないと私の「怨恨」の果てに辿り着いた「諦観」はどうなるのか、といったところだろうか。

こうした例でも明らかなように、私は出自や帰属を逃れがたいものと見なしているようだし、民族的責任ということに「過度」に重心をかける傾向があって、この社会では異分子であるばかりか、アナクロニズムを体現していると言われても返す言葉がなさそうである。

がともかく、少なくとも外から見れば、私が日本を、そして日本人を我がことのように見なしていると映るに違いなく、それは私の内面における「ぶれ」を反映していそうなのである。

これは一体どうしたことなのだろうか。随分以前から気にかかっていたそうした帰属イメージの「揺れ」を、今更のごとくに確認させる事件があった。今では既に一昔前のことのように思われているようだが、一時は連日ジャーナリズムを沸かせた、あの中国瀋陽での亡命事件である。いわゆる「脱北者」が亡命を求めて日本の領事館に駆け込んだところ、救済者だと思い込んでいた当の領事たちに押し返され、中国の公安当局に逮捕されてしまったあのセンセーショナルな事件である。

私の似姿

あのショッキングな映像にもかかわらず、あるいは、それがもたらした多大な反響の後押しもあってのことか、あの騒動は一応ハッピーエンドに終わったようなのだが、そうした結末はさておいて、先ずは事件にまつわる初期の報道とそれに対する反響に焦点を当てることにする。

あの事件のテレビ放映を見るにつけ、私はまさしく現代日本の姿をみせつけられているような思いがした。緊張感や危機感を欠いたままに人の生死にかかわる選択をごく「自然」になしたあの外交官たちこそ、まさしく現代の日本人だ、と。それればかりか、あの人たちは私の似姿である、とも。そしてそのことに驚かない私がいた。そんなわけだから、私はあの外交官たちに対する非難の合唱に参加するはずもなく、むしろ、それに和する人々が奇異に見えた。

右のような感じ方、それは私の帰属イメージの混乱・揺れを端的に示している。私は在日朝鮮人を自称しながら、実はこの日本或いは日本人たちに帰属しているというイメージをも合わせ持っているのではなかろうか。その二つが必ずしも全面的に対立しているとは言えなくとも、矛盾し、混乱している側面が多々あるように思われる。

尤も、複数の帰属イメージを持ち、洋服でも着替えるように、時と場合により自らの帰属を変えたからといって、それが非難に値するというわけでもなかろう。例えば、会社への帰属、家庭への帰属、地域への帰属、或いはまた、専ら自らにのみ帰属するというように折々にあわせて複数の帰属を楽しんで生き、それをごく自然なことと考えている人がいる。それどころか、そもそも、帰属なんてことを意識に上らせなくても生きていける人たちだっている。彼らにとって、帰属は生活や思考を規定していない。少なくとも意識のレベルではそうなのだろう。ナショナルな帰属と、上述の様々な帰属とはレベルが異なるかもしれないが、ナショナルな帰属ということを考えずに生きられる人が、少なくともこの社会に数多いことは間違いなさそうなのである。

ところが、私に限って言えば、帰属イメージは私の思考や生活に相当に大きな比重を占めてきた。ものを考える際のよりどころにしてきたのは、最初は否応なく強いられ、そしてついには引き受けるに至った「民族的」な帰属イメージであった。個的には家庭や職場やその他もろもろの帰属場所があると言っても、そうしたもろもろの全てに私の言う「民族的帰属」は無関係ではありえなかった。全てに優先するとは言えなくとも、殆ど全てに関連し、大きな影を落としてきた。

したがって、それは気楽に取り替えのきくものではなかった、少なくとも私はそう考えてこの五〇年余りを生きてきた。なのに、その帰属イメージ自体が確固としたものではないどころか矛盾に満ちたものであったとしたら、それに基づいて組み立てられてきた私の心情や理屈や挙動は相当にいびつなものであったことになる。というわけで、その矛盾の様相はどうなのか、その輪郭を自分なりに明瞭に捕らえておかねばならないと思う。

だからこそ、私が私との関連で抱く集団イメージ、あるいは帰属集団のイメージを、あの事件にまつわる人々の反応と議論を材料にして整理してみようと思う。私が私とは対立的に設定しながらも、時としてそこに同一化しているかのような日本・日本人と、私との関係を再確認したいのである。というわけで私の議論は甚だ私的に見えるが、私の射程はそこにとどまりはしない。ナショナルな制約をそれとして確認しつつも、それを超える可能性のヒントだけでも引き出せればと考えている。

但し、念のために付け加えれば、あの事件の詳細について私が一般の人々以上によく知っているはずもない。誰もが知っている程度の知識をネタに、私がどのような感じ方をしたか、そしてそれを今どのように整理しているか、あくまでそれが問題なのである。

ともかく瀋陽の事件である。

同情の噴出

あの事件における領事館員の対応についてはすこぶる威勢のいい批判が繰り広げられた。その批判のレベルや意味は必ずしも一様ではなく、相対立する観点からの非難もあったが、さまざまなパートが対立したり共鳴したりしながら、丁度あの領事館員たちがそうであったように、数々の批判自体が総体として「現代日本人」あるいは「現代の日本社会」という一つの旋律を奏でる合奏のように聞こえた。

先ずは、そのパートの各々を思い浮かぶままに列挙すると、職務怠慢、人権無視、国権無視、さらにはその延長で、日本の対外的な対応の問題、つまりは、弱腰外交、危機管理の脆弱さ、危機意識の鼓舞、危機管理体制の強化、戦後教育批判、愛国教育の奨励（公民教育の強化）などだった。

そうした批判が相互にどのように対立したり、重複したり、論理的因果もしくは延長にあるかを事細かに整理しなければならないところなのだが、先ずは一般の人々がどのような反応をしたのか、そこから始めたい。

政治家や評論家などを別にすれば、一般的な人々の反応はまずなによりも、驚きであり同情であったのではなかろうか。生死を賭けた、しかも「女、子供」の亡命が、無情にも妨害されるばかりか、官憲に引き渡されて失敗に至る一部始終が繰り返しテレビで放映された。そして、その失敗とは牢獄、強制収容所、あげくは死を意味していると見なされているのだから、同情をかきたてないわけにはいかなかった模様である。「可哀想」、これが第一の反応であった。

ところが、私は相当に天邪鬼のようで、この社会の一般の人々が同情心を覚えたらしいこと自体に驚いた。人間の「自然な」共感が国境を越える、とりわけ、それが「あの半島」それも「半島の北」の人々に対しても発動しているらしいことに、驚かずにはおれなかったのだが、そういう私の感じ方には、私の「日本の普通の人々」に対する偏見が顔を覗かせている。私にとって意外なことだったが、同情は玄界灘を超えるらしい、この点を肝に銘じておかねばならない。しかし、その「自然な感情」なるものの行く末、それを見極めねばならない。

ともかく、無辜の民への国境を越えた同情、それと対をなして、職務怠慢の非難が領事館員に向けられたのだが、職務怠慢とくれば、職務の定義付けが絡んでくる。一般的に言って、同情が必ずしも職務と関連しているわけではない。しかも、助けることができる位置、助けねばならない位置、その両者の差異に着目する必要がある。その二つが重なる場合もあるだろうが、実は両者には原理的に大きな差異があり、後者、つまり「助けねばならない」といった観点に立って初めて、職務怠慢という判断や非難が可能なはずなのである。

責任追求

ところで、他人の不幸への同情という感情に戻れば、私達は日常的に、いろんな他人の不幸を見過ごし、己の幸福、あるいは日常を守りながら暮らしている。私達が見過ごしている諸事がいかに大きな不幸を宿しているのか、そういったことに想像力を巡らすことを自らに禁じている気配まである。さらに言えば、弱肉強食とか競争原理といった、とりわけ近年の出口の見えない経済不況に由来するスローガンは、己の生き残りや勝利だけに視界を限定し、他者つまり敗残者の行く末に待ち受けているかもしれない悲惨に目を向けないことを含意していそうである。要するに、私達の同情は極めて限定された関係もしくは空間においてのみ発動される傾向がある。肉親や友人、或いは利益共同体内部にのみ、それ以外には極力出し惜しみする。

おそらくは、同情や共感には少なからずの責任が伴うからであろう。如何にお金や労力を惜しんだとしても、同情するのであれば、その不幸に苦しむ人の嘆き節に付き合うくらいのことは、最低限の責任として担わざるを得まい。しかも、それくらいのことでさえも、長く続けば負担になってきて、嫌気がさしたりもし、ついには、同情したり、共感を覚えたこと自体が誤りであったと後悔したり、あげくには、同情を惹き起こした当人に対する嫌悪が生じるといったことも稀ではない。というように、同情には代価が高くつく。だからこそ、日常的には同情に伴う責任を引き受けなくても済むように、自己抑制に努める。無関心を装ううちに、それが常態に、つまりは体質的なものになりはててしまう、といったことも往々にして生じる。他人への不感症、これが現代世界の病と言ってもよさそうなのである。但し、現代という形容を是非ともつけねばならないのかどうか、それは別個に考えてみなければならないのだが、それはまた別の場所で。

ところが、その一方で私達はしばしばマスメディアを介しての不幸には大いに同情を抱いたりするようで、あの事件に際しての大きな反響はその一例であろうが、そういう場面で発動する同情は先に述べたそれとは大きな違いがあるかに見える。

その違いの主因は距離であるに違いない。とりわけ媒体を介していることがポイントである。つまり間接であり、接触せずに済ますことができることが。

距離や間接性とは、イニシアチブをこちらに保持できるという好条件をもたらしてくれる。同情を止めようと、続けようと、それは全くこちらの都合のままである。テレビやラジオをオフにすれば済む。つまり、いくら同情しても自分は全く痛まず、無理強いされることはない。相手はこちらに、嘆願や非難の眼差しを向けることはない。これはすこぶる便利であり、気楽である。他人への同情を示したところが、感謝されるどころか、かえって「同情なんてお断り」と善意の第三者を鼻白ませる台詞が返ってくることがあるが、それは同情が特定の条件下で備える一面をずばり言い当てていそうである。

とは言うものの、責任を負わない同情というのは、やはり先に述べた同情の一般的理屈からすればおかしいような感じが残る。同情するのであれば、いくらかはその責任を負わねばなるまい。だから、そういう片手落ちの同情には後ろめたさが伴うはずなのだが、そんな後ろめたさなどは、個々人が備えている心理的な隠蔽装置のおかげで、明瞭に意識に上らず、ともかく、同情心を覚えたという事実が、自己合理化の担保となる。「私は他人の不幸に同情する健全な人間なのだ」。人間というものはそうした合理化を誠に自然になすことで自らの平穏を維持する生き物のようである。

しかも、今話題にしている事件の場合には、すこぶる幸いなことに、今ひとつの好条件が備わっていた。自らを安全なところに隔離することによって回避した責任、それを代行してくれる人、そうすべきと見なされた人々がいた。そして、その彼らが責任を回避したのは職務怠慢ということになった。自己合理化と責任の論理が見事に結ばれて、免罪符を得た正義の人々の領事館員に対する非難の大合唱で一件落着となった。そこには日常的な無関心が人々にもたらしているストレスの解放という深い動機もあるのかもしれない。無関心の鎧自体が一種の心理的な病であるから、時には、その反動で何ものかを生贄にして、精神的なカタルシスを求めているということなのだろう。そうした際に、マスメディアほど便利なものはない。誰にも責任を負わず、個人の群れがメディアの向こう側に怒りを発散してお祭り騒ぎに狂奔し、改めて日常のストレスフルな無関心に戻っていくことができる。

このあたり、メディアの魔術という問題、さらにはメディアと受け手との共犯関係や相互依存という問題が介在していそうなのだが、ここでも、これ以上立ち入るのを回避しておく。

在外公館と国益

さて代行者となれば、当然、同情を覚えた人たちと、その代行者と見なされた人々との関係に立ち入らねばならない。そもそも、この種の代行をする権利と義務が本当に領事館員にあったのかという問題である。

因みに、在外公館というものは一般的に評判がよろしくない。国の出先機関、つまり、国を代表するという立場はえてして、その仕事に従事する人間たちの特権意識を募らせ、市民を保護するというよりむしろ監視・管理するという意識が勝ってしまう。これこそ「お役所仕事」というわけだが、今や国内の官公庁でなら相当に抑制され正体を現さなくなっていそうなそうした意識が、在外公館においては時として露骨に浮かび上がる。しかも、本国から派遣されてそれなりのステイタスを備えた館員よりも、現地採用され、窓口などで直接に訪問者に対応する係員のほうにこそ傲慢かつ居丈高な態度が恥ずかしげもなく現れるような気がする。尤も、こうした感じ方には、いわば、「なりあがり者」の居丈高に気分を害する「成り上がり損ねた」私の違和感、嫌悪感といった要素があるのかもしれない。

ところで、たとえ在外とは言ってもやはり公館なのだから、当然なことに、お国柄が、つまりは本国の政治体制やその折々の政策が如実に反映する。例えば、私が体験的に最もよく知っている韓国の駐大阪総領事館の場合、予め「ならぬ堪忍するが堪忍」などと覚悟を決めてから出向かねばならないほどであったのに、本国が民主化されるや、対応が一挙に激変して見事なまでにサービスを提供する場になった。もちろん大いに喜んだものだが、それと同時に、「内地」と「外地」は連動しているという当たり前のことを思い知らされたものだった。

さて、そうした在外公館の本来的な職務とは何か。それは何よりも、国益を守ることであるにちがいない。在外国民の生命・財産を守るというのは、その「大文字の国益」の数ある一つにすぎず、大きな国益、そしてその究極たる国是というイデオロギーのためなら、国民の生命・財産など一顧だにされない場合だってある。一億総玉砕というスローガンがあったではないか。

では例の瀋陽の日本領事館にとって、あの事件における国益とは何であったか。何が擁護され、何が棄てられたのだろうか。或いは、為すべき職務が何で、そのうちの何が果たされ、何が果たされなかったのだろうか。

当事者はさしあたり三カ国なので、先ずは、その三国の関係を問題にしなければなるまい。但し、舌の根も乾かないうちに言うのも可笑しいのだが、こうした観点自体に落とし穴が待ち受けているのかもしれない。当事者が国家でなければならないという絶対的な根拠はないからである。この事件の当事者は、誰よりも、亡命を企てた人たちであり、それをサポートした人たちであり、それをビデオに収めた人たちであり、その標的となった日本、中国、「北」の各政権であったはずで、そこで意図されたものが一体何であり、何が本当の問題だったたか、そうした問いを避けてこの事件を論じるわけにはいかないだろう。ここではひとまずさておくが、いずれそのあたりの問題が浮上してくるにちがいない。

がともかく、先にあげた三国の外交問題に入る。日本と中国とは一応は友好関係にあるのに対し、日本と「北」は一度たりともまともな外交関係を結んだことはなく、首尾一貫して敵対している。その上、事件は日本領事館とはいえ、中国領内で生じた。したがって、日本は外交的には何よりも中国の立場に配慮しなければなるまい。他方、その中国と「北」は共に過酷な戦争を戦った「血の盟友」を謡った経緯もあり、時代の変遷につれてその関係にも微妙な変化が生じているらしいが、中国はやはりその二国の友好関係を優先課題に設定せざるをえない。つまりは、中国はよほどに自らの国益に反しない限りは、「北」の威信を失墜させかねない行為をするわけにはいかない。中国にいる脱北者の亡命に手を貸すわけにはいかない。さらにその延長上では、「北」からすれば犯罪者である脱北者を検挙して「北」に送還しなければならない。

繰り返しになるが、日本の外交方針は、国益を大きく侵害されない限り、先ずは中国の国益に配慮することであろう。つまりは、脱北者の亡命を受け入れて、「北」に配慮すべき中国の面目を潰すことのないように心しなければならない。日中間の外交関係という観点からすれば、日本があの亡命者を受け入れることは甚だ難しい、ということになる。

ついで、「北」との関係における日本の国益とは何か。両国は明確に敵対しているが、だからといって、日本はあからさまに「北」の面目を潰して、その結果、安全保障上の不安を増大させることは避けねばならない。何しろ日本にとっては、「北」は最大の脅威であり、日々その脅威に晒されている「裸で無防備で無垢」な民主国家ということに、少なくとも日本国内ではなっている。したがって、「脱北者」を積極的に受け入れ、それを種にして「北」を非難したり、亡命者を一種の人質に仕立てて「北」との外交関係を有利に展開したりするほどの積極的かつ主体的な外交意図は日本にはないだろう。もしそういう意図があるとすれば、「北」の人民と国家体制を峻別し、その非道な国家に抗して人民を救う責任を担わねばならず、正真正銘の人権外交を遂行することになるだろうが、事の良し悪しは別にして、戦後の日本にそのような外交経験はなさそうである。もしそういう事態が生じでもしたら、それは日本の外交、さらには日本の政治の大転換となるだろう。ということはつまり、近い将来においてその種の可能性はないということに他ならない。というように、日本は「脱北者」を亡命者として受け入れることに国益を見出すことは殆どありえない。そもそもが、日本は「北」の亡命者どころか、亡命一般を受け入れることに対して甚だ冷淡な政策を一貫して維持してきている。たとえ、受け入れた場合でも、そこには何か大きな外圧が働いた結果に過ぎない。

したがって、この三国の国益、言い換えれば、その三国間の外交的なレベルでは、日本のテレビの前で同情の涙を流し憤った人たちが、自国の「情けない」領事館員たちを「正義の同情」の代行者と見なしたこと自体に大きな事実誤認があった。同情と国益とは重ならず、領事館員たちは国境の遥かかなたにいる自国民の同情に伴う責任を代行する義務を負ってはいなかったということになる。

「自然」な挙動

そうした事情が次第に理解されるようになったせいなのか、或いは同情というものは長続きしない性質を備えているからなのか、人々の関心の方向は逸れていく。

無辜の民の救済者としての自己イメージに、国権を侵害された被害者としての自己イメージがとって代わる。但し、変わらない点が一つある。国権の侵害を許容するばかりか、それをむしろ推進しているかに見えた領事館員の職務不履行、さらにはその根底に巣くう危機意識の欠如に対する非難の声が高まった。

繰り返しになるが、国益のための外交的配慮があるにしても、他でもないその国益の重大な要素である領土の侵犯、この場合でいうと、外交特権の侵害まで許すべきであったか、という問題が競り上がってくる。つまり、中国の公安警察の領事館立ち入りという外交特権に対する侵犯行為、そしてそれを許容した外交官達の危機管理体制の欠如が、出番到来と言わんばかりの識者たちのリードで前面に躍り出て、戦後日本の「ふやけた教育と思潮」が、さらにはそれによって歪曲されて退廃した「社会的潮流」が「普通の国日本」という理想に対する障害として論難されることになる。

このあたりのことについては、そうした非難が誘導されて行き着いた結論はさておいて言えば、理がある、とひとまずは言わざるを得ない。領土侵犯といえばその通りであり、危機意識の欠如といえば、これまたその通りであった。しかし、実際の事件の現場では領土侵犯といった事柄もまた相当に「人間くさい」配慮や慣行で処理されているのではなかろうか、などと国益や国権にまつわる危機意識が大きく欠如した中年男である私などは思う。

中国の公安警察と領事館員とには日常的な接触があり、今後も恒常的な接触を続けざるを得ないだろう。それにまた、国際的に認知された領事館の外交特権とはいえ、それは日常的には現地の官憲に守られている。例え自らの特権を守ってくれている人々であれ、土足で我が家に入り込むことまでは許さないだろうが、庭に入ってくるくらいのことを拒むわけにはいくまい。敢えてそこまで原理原則を貫くには、相当に厳しい職務意識、国権意識、領土意識というものが必要とされる。この場合で言えば、日本と中国との日々の厳しい緊張関係といった背景がある場合に限られるのではないだろうか。ところがそういう局面ではなかった。

それにまた、「薄汚い服」を身にまとった得体の知れない「人間」よりは、自らを守ってくれている「制服」の方に身を摺り寄せるというのは、極めて「常識的」な傾向だろう。それは、悪く言えば「差別」だし「馴れ合い」ということになるだろうが、そうしたものもまた、日常を平穏に暮らしていく為の必要悪とみなすのが、少なくともこの社会で生きている「普通の大人の智恵」ではなかろうか。

また、国益の観点から言っても、「世界の孤児たる国家」から避難してきた「取るに足りない」個人たちの擁護は何一つ益をもたらしそうにないばかりか、ただでさえ問題山積の「対北関係」で、さらに厄介な問題を抱えこむことになりかねない。しかも、その個人を「売り渡す」にはそれほどの決断を要さない。知らぬ振りして、中国の公安に委ねれば、自分の手を汚さなくても済むという好条件もあった。というわけで、領事館員達の振る舞いには「自然な」ものがあったと言えそうである。

但し、その「自然」というものがはたして本当にその名に値するものだったのかどうか。その自然はある限定された時空でのみ「自然」とされるものであったのでは、との疑いは残る。

と言うのも、私があの映像に、現代日本ばかりか私の似姿までも見る思いがしたのは、あの領事館員たちの「自然」な挙動が、私が長年親しみ、ついには内面化するに至ったあるもの、さしあたり他に適当な言葉が見つからないので、「日本的」と呼ぶしかない何ものかの色あいを濃厚に帯びていたからではなかったか。つまり、この社会に独特と思える対他関係のことであり、社会的結合の論理であり倫理のことである。

この社会に生きる私たちにとって、他人との同質性の擬態を修得することは大きな力になる。他人との差異を隠して同一性の擬態を演じると共に、私的な事柄と公的な事柄とを融合、もしくは癒着させてこそ、一人前、つまり大人と見なされる。そうした術に長けているものこそがこの社会で重きをなしてきた。それは必要悪どころか知恵とまで呼ばれている。逆にその常識に逆らって、「正論」あるいは「原則論」に固執する、言い換えれば、異質性を臆面もなく提示すれば、トラブルメーカーのレッテルを貼られて放逐されかねない。そうした恐れなしに生きるには、相当の自信とそれを裏付ける権力なり社会的地位が必要とされる。

繰り返しになるが、その意味では、領事館員たちは一般的日本人として自然な行動をとったと言っても許されるのではなかろうか。

国際的スタンダード

といったように、あの領事館員たちの振る舞いは日本の国益、日本的常識だけに照らしてならば、おかしいとは言えそうにない。なのに、それが非難に曝されたのは何故か。先に私が「日本的」と呼んだもの以外の尺度が、世界的に共有されているからではないだろうか。だからこそ、あの衝撃的なビデオは世界的に多大な反響を引き起こし、日本政府は外交的に苦境に陥った。日本と世界はたとえ対立的な側面が多々あったとしても、やはり共に生きている。まさにグローバルな時代なのである。しかも、既に述べたように、日本国内でも多大な反響があったことは、その「世界的スタンダード」が日本的スタンダードを排除するわけではないことを示している。日本の国民の共感・同情は、世界的スタンダードと連関している。日本的なものと世界的なものとが、現代日本に生きる人々の中に共存しているのである。となれば、先に私が「日本的」と呼んだものと「世界的」と呼んだものとの関係は単純ではない。

さらに立ち入って見なければなるまい。

一般的に、亡命者受け入れが国益に利する訳でもないのに、敢えてその国益に反することを国家が引き受ける場合があるのは何故か。近現代の世界に普遍的な人権尊重の思想潮流があり、いかなる国家と言えども、それを全く無視して国益に走るわけにはいかないからである。そもそも国益自体が、そうした人権や外交を無視して成り立たない。国権と人権が、程度には差異はあってもおよそあらゆる国でせめぎあっている。国家としては国益が至上命題でありながら、その国益が殆ど常に、普遍的な人権や正義とセットにされる。顕教と密教の二重性と言うべきであろう。したがって、よほどにナショナリズムの熱に冒されている場合を除いて、顕教という盾があってこそ、国民の理解や同意を取り付けることができる。

だからこそ、たとえ敵対国の人々のことであれ、生死に関わるような事柄では国境を越えてサポートが与えられ、そうした行動に対して喝采がわき起こったりもする。人権の擁護は国家としての義務とは実際上は言えなくとも、到達目標くらいには認知され、国家も否応ながらも、それを否定できないのである。

そうした意味においてこそ、あの事件で露呈した国益一辺倒、日常性埋没（両者は対立しているわけではなく、手を携えている）、あるいは、人権音痴の外交官達の行動が批判される根拠が生じる。したがって、この社会で見られたような、危機意識の欠如その他の責任を戦後の思潮になすりつけ、閉鎖的（これまた、閉鎖的という言葉は、攻撃的という言葉を排除するわけではない）ナショナリズムの噴出に道を開く契機となるべき事件ではさらさらなかったのである。

あの領事館員たちの挙動を批判しうる根拠はむしろ、戦後の日本がそれなりに育くみ、人々の意識のある層に根付いた人権に関わる世界的スタンダードの方にこそあった。

日本の戦後思潮は、世界と共に生きるという志向を備えていたに違いない。その最重要なものの一つが人権感覚であった。そしてその人権感覚とは、他者をそれとして認め、他者との断絶の認識を媒介にして共生を図るということを含むものであった。おそらくはあの大戦における他者との遭遇の経験、その記憶が戦後日本において広範囲に共有されていたことも与ってのことなのであろう。

ところが、それが殆どなし崩しにされつつある。経済成長によって膨れ上がった過剰な自信、そしてそれ以降の長い凋落の坂を転げ落ちるような経験がもたらした閉塞感、その両者のアンバランスが不安症を亢進させ、他者を専ら攻撃者として定位すると同時に、無垢な自己なるイメージを凝固させて、不安な「わたし」たちがただただ一時の安穏と救済を求めて群れ集うようになった。他者は不安をもたらす「病原菌」として影を落とし、排除の対象としてのみイメージされる。

人々の歴史的であると同時に現代的な狡知が戦後思潮の弱点をつき、それを歪曲しつつ悪用することに成功した感がある。それこそ私が先に「日本的スタンダード」と呼んだものにほかならない。

戦後思潮の弱点を利用することによって更新されるに至った日本的常識が、戦後日本の達成を見事に蹂躙している現場に私たちは立ち会ったのではなかろうか。

私たちは現代日本の分裂の裂け目を、あのビデオを通して目の当たりにしたのである。それを見て同情する人たちと責任を委ねられた人々との分裂ばかりではなかった。両者が人権と国権を分担して担ったというような単純明快なことではなかった。無辜の民への同情から、国権の蹂躙に対する憤激といった急激な変化にも窺われるように、彼らの人間としての共感、但し、責任を巧みに欠落させたそれと、歴史的に育まれてきた大衆的狡知との裂け目であり、またその結託でもあった。

私権そのものの捉え方における脆弱さが戦後の思想に胚胎していたのだろう。そしてまた、その私権の弱さに釣り合うかのように、公共性の感覚も十全に育ちはしなかったようである。私権を守るためには、公共性、もしくは他者感覚が共に育成されねばならないのに、同時に立ち上がり、互いに緊張を孕みながらも調整されるべきであった両者が共に、曖昧なままに癒着し溶解し、ついには放縦に陥った。

そこに何かが忍び入った。「出来合いの公」としての国家が「公」と「私」を飲み込む。「私」的な放縦が「国家」を支える。

その国家とは、国境のかなたの「私」への顧慮を廃したものであり、かつ、国境の内部にある「私」への顧慮も実のところ、骨抜きにしたものである。つまりは「公」たるものではありえない甚だ「私」的な「公」なのである。

こうして、世界的スタンダードの基底にあるはずの人権意識を引き受けて、様々な亡命を受け入れつつ、国内の私権の強化に努めるのとは正反対に、亡命者が領事館に足を踏み入れることを断じて許さない鎖国的防備を固めることによって、専ら閉鎖的な防衛体制を徹底する方策が講じられた。ここに至って、初発の国境を越えた（インターナショナル）「同情」の芽生えは、むしろ日本的ナショナリズムの再興という方向へ収斂していくことになった。

第三章　世間と市民

庶民のオアシス

金曜日の夕刻。誰からか誘いがあるものと高を括っていたせいで、ついつい連れを誘いそびれ、仕方なく一人で帰宅の途に。しかし、なにしろ「花の金曜日?」、そのまま帰る気になれず、自宅の最寄駅近くの居酒屋に立ち寄り、その止り木に腰を落ち着けた。すると、耳に飛び込んできた台詞がこうだった。

「あいつら、絶対、狙いよる。狙い目は日本海側の原発かな。そないなことになると、えらいことでっせ。ほんま、何しよるか分からん奴らやから」「ほんまにほんまですわ、あいつらなにをしでかしよるか……ほいでも……こっちが本気になったらいちころでんがな」「そら、そう！　そんなことあたり前！なんせ、こちとらは大和男児……」

調子が次第に高鳴っていくその声の方に眼を向けると、五〇代半ばの年恰好の二人が、店の奥隅に備え付けのテレビに眼を釘付けにしながら、言葉を交わしている。一人は中間管理職のサラリーマン風、もう一人は建築関係の現場監督といった感じ。その四つの視線が交差するテレビの画面上では、例の「北」のテポドンにまつわる脅威がいかにも神妙かつせっついた口調で語られているところだった。

ところで、このお店、カウンターがコの字型になっており、その中で女将と、時にはそのお手伝いの

「お姉さん」が立ち働いている。だが、二人が動き回るにはなんとも狭い。すれ違おうとでもすれば、二人の尻と尻、あるいは胸と胸が触れたり、ぶつかったり。時には演出も加わって、「おしくら饅頭」が演じられ、それが客の軽口を誘う。この年増の紅二点、年の功とでも言おうか、なかなかの芸達者。歳に似合わぬはにかみまで漂わせて、客の物欲しげな目や耳を楽しませたりもする。とりわけ、この店の女主人の客あしらいは堂に入ったもの。開店した一〇年ほど前には、まだ素人の初々しさが勝っていたのに、今や、どんな戯れ言葉も軽く受け流すかと思えば、時には、厳しい突っ込みを返したりもする。愛嬌もあれば、度胸も備えた立派な女将に成長しおおせたわけである。たとえばあるとき、私はたまたま隣り合った客から、常連風を吹かせられて、適当にあしらいつつも苦痛になり始めていた。それをめざとく察知した女将、「某さん、こちらのほうが古い客ですねんよ、創業以来のお客さん」と私を引き立てつつその酔っ払いさんをいなして、苦役から解放してくれるということもあった。

因みに、そのカウンターの上には、作り置きの惣菜があれこれ並んでいる。チンすれば熱々が賞味できる炒め物や揚げ物、小鉢に装えばそのまま舌先に転がせる酢の物や枝豆などである。それとは別に、刺身やおでんや焼き物など、どこの居酒屋でも定番のメニューももちろんあるが、カウンター上の鉢物の多くが日替わりで安価ということもあって、目玉になっている。

その止まり木はと言えば、ギュウギュウ詰めにしても一五人くらいが関の山。そのほかに客席としては、せいぜい六、七人で満杯になる座敷が、入り口の右隅に申し訳程度にある。しかし、カウンター内で誂えた酒肴をその座敷に運ぶには、奥のカウンター端の狭い通路を経由せねばならず、甚だ厄介だし、それだけの人手もないから、止まり木の客の加勢を得てカウンター越しに運ぶということになる。それも一度くらいならまだしも、繰り返されては、客も迷惑。そこで、座敷はあくまで予備扱い。それより何より、団体客が大挙してやってくるような店ではないのである。

さて、止まり木には、連れ立っての客もいないわけではないが、それもせいぜい二、三人連れで、断然一人客が目立つ。夕飯代わりにぶらり立ち寄って、テレビを見たり、たまたま隣り合った客と挨拶がてら会話を交わしたり、或いは常連同士が近況話でエールを交わしたり、あるいはまた、女将と少々艶っぽい言葉を掛け合ったり。一人客でも、寛いで暇をつぶせるし、しかも安価でおふくろの味を楽しめたりというわけで、なかなか重宝だから繁盛している。

くだんの二人なのだが、さほど懇意の仲にも見えず、かと言って、初対面でもなさそう。たまに立ち寄るとはいえ、とても常連を名乗れそうにない私に断定的なことなど言えるはずもないけれど、どちらもこの店の準常連といった感じである。そのくらいのことなら、あちこちの居酒屋を渡り歩いて数十年、こと居酒屋に関しては年季の入った私には、なんとなく分かるものなのである。

ぶらりと立ち寄る一人客、ただただ酒を飲み、肴を口に運ぶだけでは味気ない。そこで、テレビの話題をこれ幸いに話のきっかけをつくる。

まずは画面に合わせて、手近な人に当たりを試す。それがうまい具合にいかなければ、語尾をにごらせて、独り言としてごまかせばいい。逆にうまい具合に返答を得れば、言葉のキャッチボールが酒の肴となり、盛り上がる。そして当然のようにお店の上がりも鰻上りで万々歳。

くだんの二人も、ちょうどその一例といったところだったのだろう。まさにこの店にお似合いの二人というわけである。

暗黙の了解

さて、安居酒屋といってもそれなりの仁義らしきものがあって、その一つが、たとえ常連同士でも、あまり踏み込まず踏み込ませないように気を配ること。そこで野球ネタと政治ネタは格好のもの。誰もが知ったかぶりでいっぱしの評論家を気取れる。とは言え、そんな安全パイのはずであっても、限度をわきまえないとややこしいことになる。なにしろ、場所は飲み屋である。酔った勢いで、下手をすれば暴力沙汰にも発展しかねない。

尤も、ここの店に限っては、女将の客あしらいの巧みさもあって、事件など起こりそうもないのだが、用心に越したことはないというわけなのか、さらに誰もが文句をつけそうにない話題が追い求められる。若い客はあまりいないのをこれ幸いと、「今どきの馬鹿若者」論議、それに付随して教育批判、というより、教員批判へと話は展開したりする。大体が居酒屋では、「知識人」「先生」は疎んじられたり、格好の攻撃の対象になる。尤も、これは居酒屋だけの話ではないだろうが。

ともあれ、なによりも安全なのは、例えば最近では、「北」の悪辣非道の非難の大合唱。少なくとも居酒屋文化においては、それが誰かの反感を買って喧嘩沙汰になることは決してない、といった暗黙の了解が成立しているのだろう。

そうこうするうちに、暖簾をくぐるなり注文しておいた酒肴がようやく手元にやってきた。入った時間が早すぎたせいもあれば、女将に次々と電話がかかってきたり、ラッシュの時間帯に加勢に駆けつける「姉さん」もまだ出勤していなかったことが重なり、普段になく給仕に時間がかかっていたのである。それはともかく、待ちに待ってやっとありついた酒、肴。こうなると、先ずは自分のことを片付けないと。一杯目のビールを流し込んで、「あああ！」などと内心ばかりか口に出して、爽快感を確かめる。永く待った分だけ格別である。ついでは刺身に山葵をたっぷり利かして口に入れて、またしてもビールを流し込む、といったように、自分自身のことだけで手一杯になった。それに、私が入ってきた時には、客は例の二人くらいだったのに、その後、客が続々。そうなると、先客が椅子をずらしたり、席を移動したり、出来るだけ多くの人が座れるように工夫する。値段が安い分だけ、女将の商売に協力して少しでも身入りがよくなるように協力がなされる。持ちつ持たれつ、それがこの種の店の仁義でもある。そんなこんなで、店全体が落ち着きをなくし、二人の話の展開は騒音に紛れてしまった。

ひとしきり酒を頭に（？）、肴を胃に補給して、満足の小休止。その頃には、店も落ち着きを取り戻し、あちこちで話の華が咲いているが、なにしろ店が狭い。耳を澄ますと、その話のあれこれが個別に捉えられるようになる。もちろん、私の関心は自然に例の二人に向かう。

「あっちは人の値段が安いから」とサラリーマン氏がのたもうた。テレビでは話題が変わっている。といっても、相変わらずあの半島絡みという点では同じで、韓国テグの地下鉄火災の現場中継であり、これまた緊迫している。

さて、「人の値段云々」は犠牲者に対する保障の話というふうに、私は理解した。ところが、話を向けられた当の現場監督氏は、何をどう聞き違ったのか、別な風にとったようで、

「ほんま、安物やから、自分で考えよれへん。人から命令されへんかったら、何もできよれへん。自分の命もよう守りよらん」

サラリーマン氏はその返答に、一瞬、言葉の接ぎ穂を失っているようだった。しかし、誤解を解くの

も面倒というわけなのか。或いは、話題など何だっていいというわけなのか。相手に合わせて、話題をそちらに転じる。それくらいの機転がなければサラリーマン稼業などやっておれないのだろう。

「そうですわ、縦社会で、上のいうことをそのままやるだけ。人形みたいなもん、というより、忠実な犬、犬ですわな」

なにしろ私は、この歳になっても未だにアイデンティティを探しあぐねている中途半端な「在日」ということもあってか、心の奥深くに持病とも言うべき鬱屈を抱えもっているようで、こうした言動に対して心穏やかでおれない。酒が入ってでもいれば、時には暴発したりもする。そのせいもあって、酒がらみの「武勇伝」、というより恥ずかしい話には事欠かない。素面の時には、ひたすら頭を下げて世をしのいでいる反動なのかもしれない。要するに、弱虫に酒は刃物、を地で生きているわけなのである。

とは言っても、そうした数々の失敗の繰り返しから少しは何かを学んだのか、或いは、その程度の元気も年とともに消え失せてしまったのか、最近では話がややこしくなりそうな気配を察知すると、それも酔いがまだ浅いうちなら、早めに席を立つようになった。実際、この時も、そろそろ潮時と思い始めていた。しかし、ちょうど、酒肴の追加注文をしてしまったところでもあり、それくらいは片付けて帰ることに決めた。食べ物を残すこと、とりわけ自分がそうすることが許せない。そのうえまた、注文を取り消すなんてことも、格好が悪いなどと慮って、できないのである。大人になれない、中年アル中というわけである。

そこで、注文の肴が来るのをひたすら待つ羽目に。しかも、怖いもの見たさというか、不快なことほど耳を奪うということなのか、意思に反して彼らの話の一々が耳にこびりつく。

「連中は臨機応変がきかへん」「ほんまアホでっせ」

といったように、同情のかけらさえも見られず、むしろ不幸を大いに楽しんでいる気配を臆面もなく示して、掛け合い漫才のような軽やかなテンポで話が盛り上がっていく。尤もその程度のことなら、長年の経験もあってあらかじめ折込済み。ところが、次の言葉が耳に飛び込んできたとき、私は戸惑いを禁じえなかった。

「わしやったら、煙が見えたら、即座に逃げますがな」

ここで問題とされているのは、臨機応変の有無で、称揚されているのは、わが身可愛さを職務や市民意識に優先させることのようである。そうした小市民的エゴイズムをその御仁は自らのものとして自慢げに差し出したわけである。ということは、そのエゴイズムがこの場で認知され、賞賛を受けてしかるべき、と彼が考えているからに他ならない。つまりは、それをこの場に居合わせた酔客達、さらには日本人総体が共有していると判断しているということになりかねない。しかも、それと対比させて、韓国人の「愚鈍な公共性」を嘲笑しているわけである。

サラリーマン氏、「当たり前、私もそうですわ」と受け答えたのだから、なるほど現場監督氏の判断に狂いはなかったようである。少なくとも、そのように私には聞こえたのだが、こうした「国民性論」の展開は、私がこれまでに慣れ親しんできたものとは大いに異なる。

國民性論議の落とし穴

一般になされる国民性論議、とりわけ日韓比較のそれは、日本人の愚直、韓国人のだらしなさ、日本人の規律、韓国人の放埓、或いはまた、日本の集団主義、韓国の個人主義といった二項対立を軸に展開する。私もまた、狭いながらもそれなりの経験の裏打ちもあって、それを踏襲したりもしてきたから、これはまさに予想外の展開であった。さて、一体どちらが日本人の正体なのかなどと、私は酒の酔いも加勢して考えこみだした。そうするうちに、はたと思いあたることがあった。

私の問題の建て方が間違っているのでは、と。先ずは、ある具体的な経験をすぐさま国民性論議に普遍化することの誤りがある。個別的な経験を一般化して、自分が創り上げたにすぎないかも知れない像を相手に、勝手に怒ったり、喜んだりする一人相撲の馬鹿さ加減。それに加えて、場の論理というものがある。相手の誤解をも溶かし込んで、一時的な同質化、一体化の擬態を演じることが、ある場では要求され、自らそれに参入することで安らぎを得ることができる。その延長で言えば、演出・劇場空間という要素もある。例えば、漫才を典型とする大阪流の「ツッコミ、ボケ、オトシ」の類が用意されていないと、ついつい深みにはまり込んで二進も三進もいかなくなる。そんなことは避けねばならない、先にも述べたが、これが居酒屋の仁義であり、大阪流庶民の知恵のようなのである。

その仁義に抵触しない限りでなら、何だって笑いのネタにすることを許される。何だって馬鹿にしたり、奉っていいのである。それは一般的社会道徳や個人のモラル、はたまた個人の思想・哲学と重ならなくたっていい。

そうなのである、店の女将やたまたま居合わせた客にだけ受けいれられればいい。自分の言動の責任を社会に対して負うべき場所ではないのである、居酒屋は。さらには、われわれ庶民の日常も然り。これは相当に便利で気が楽である。

しかし、この場の論理、世間の常識というヤツはその便利さの反面、すこぶる怖いものを備えている。場の論理に支配されて、それにそぐわない言葉は沈黙を余儀なくされる。もし内心の棘でも言葉にすれば、放逐されかねない。その言葉の正誤の故ではなく、ただただ、和を乱したという理由だけで。

この庶民の世界、開かれているように見えて、実は閉じている。世間の誰をも巻き込んで同質性を創造するかに見えて、本当のところ、そこには「他者」はいない。

そう思い当たると、私の心中に微妙な思いが湧いてくる。日本人の言動、とりわけその差別的な言動にいちいち傷ついたり、心中で憤激してきた己を省みてである。これこそ一皮剥いたら姿を現わす日本人の実像だなどと、怒ったり、悲しんだり、さらにはまた、自分だけが裸の彼らの姿を把握していると優越感を覚えたりしてきた己。これを名付けて、「在日的感傷」。

しかし、それを感傷として認識したからといって、それを全否定するということになるまい。その感傷は、私がその世間において、「他者としては不在」を装わねばならないという現実に基礎を置いているからである。

がともかく、こうした場の論理の呪縛で成り立っている「庶民の知恵」と、他者の存在を前提とする近代社会とが、あるいは、その社会の「市民」とが、いったいどのように重なり、つながるのか。いっそ、ここには世間はあっても社会はない、或いは、この社会に「市民」など存在しない、と言い切ってしまえば話は簡単なのだが、などと酒の酔いのせいもあって、思考は蛇行を繰り返す。

庶民の屈託と防衛意識

気持ちが中に向かっていたせいか、自然と項は垂れて、自分の内部を覗き込んでいるような姿勢に。しがないサラリーマン風の自画像は御免被りたいと、頭を上げてみた。相変わらずテレビは騒がしい。但し、今度はバラエティ番組お得意のカオス的議論が繰り広げられている。それに店内の方も、あちこちでいろんな話が盛り上がって、互いに錯綜し、個々の会話を聞き取るどころではない。

ところがいくら騒がしくても、その騒音を透かして、あたかも沈黙が支配しているかに思われる瞬間が訪れる。その不思議な時空では、声を落とした会話でも、一言一言が耳に届くばかりか、刻み付けられるようなことになる。

例の二人は先ほどまでとは打って変わって、声を落として、しんみりと呟きあっている。

「あれは辛うおましたわ、なんせ、あっちの年老いた母親と同居の上に、部屋がいくつもあれへんから、布団を部屋の端と端に置いて、背中を向けて寝る羽目に」と現場監督氏。すると、これまた過去を手探りで掴みだそうとするかのような口調で、サラリーマン氏、

「へえ、そうでっか。それはきつい。実は、わたしのほうも、よう似た境遇で。もっとも、幸い私のほうは部屋数はあったから、寝る部屋は別々に、食事ももちろん別。そらあ、大変でしたわ。子供まであっちの見方しよりますねん。ついには、家に帰るのが辛うて、みんなが寝静まる頃に帰宅。朝も誰よりも早く起きて、顔を合わさないように出勤。電車や公園で仮眠を取る羽目に。それにしても、奇遇ですな。おたくも同じ境遇やなんて。こっちは、もう五年前のことですけど」

「こちらはもう一〇年になりますわ。もう我慢ならん、親と子供つれて出て行く、言われた時は、正

直ほっとしたような。そらあ、意地もありましたがな。なんぼ考えてみても、こちらに大きな落ち度はおまへん。そらあ、男ですから、多少の遊びはしました。奇麗事は言いまへん。そやけど、それで離婚やいうたら、この日本中のほとんどの男が離婚しやなあかんのんとちゃいまっか。給料はほとんど家に入れてましたし、外に出たら付き合いもあるのに、それもできるだけ控えていたのに。それに子供の親権の問題もありましたし。そやけど、女いうやつは恐ろしいもんで。嫌や、言うたら梃子でも動きよれへん。何度かは手を出しましたが、そうすると今度はそれを盾にして責めよる。持久戦では到底勝てまへんわ。なんせ、こっちは昼間は働かなあかんし、あっちは昼間は寝ることもできるし……最後はもうどうにでもなれと自棄になって。あっちの言うとおりに、家を売ったら、もうバブルの後ですから、予想の金額には到底届けへん。仕方のう、二、〇〇〇万で手を打って、ローンの残りを返済してその残り、たいした額やおまへんけど、それをあらかた渡したら、まあ、なんとか話がついて、きっぱり」

「そりゃあ、よろしおましたな。こちとらは、売るもんもないから、追い出されるように一人家を出ることに。それで済んだらよろしいねんけど、慰謝料とか養育費とか言い出しよりまして、知らんふりしてたら、会社の上司にまで談判して、裁判に訴える言うて脅かしますねん。上司がわたしらの結婚の仲人やったという関係上、このままでは私が会社におれなくなるのではと心配してくれて、自分の責任で、毎月の給料の半分を一五年間払わせる、言うてくれはったから、何とかけりが！そやから、いまだに払い続けてますねん。たまに羽目を外したい思ても、そうはいきまへん。コンビニの弁当と缶ビールで済ますか、たまには、こんなところへでも来て、気晴らしを。もう二度と結婚なんか、願い下げですわ」

「ほんまにもう、あの頃の事は思い出したくありまへんわ」「全く」

誰もが屈託を抱え持ち、それを手なずけようとしながら生きている。おそらくは、正義も真理も、その屈託には届かない。そこで、その反動は、何かに向かう。日常を生きるためのガス抜きである。無責任な攻撃、無責任な侮蔑、少なくともそれでもって、屈託を抱えて生きる庶民たちの「われわれ」という共犯感覚、同胞感覚が成立する。マスメディアの大げさな報道の反復は、それを刺激して、攻撃性の向かうべき方向を指し示し、誘導しているのだが、そのマスメディアでさえ、或いはそうした「場」を取り仕切っているはずの者でさえも、実は主体とは言えない。彼ら自体が場の論理に呪縛され、支配されている。

社会の情動の基底をなしているこうした思考の回路と場の論理、それは一種の自動機械のように作動している。おそらくは、そうした回路と歴史的身体たる場とが人間にとって本質的な何かと関連しているからであるだろう。

こうしたことをどのように考えることができるか。机の上の市民という概念とは程遠いのが、私が生きている庶民の世界のようなのだ。だがそれでも、「市民」というものと、わたしが肩触れ合って生きている「庶民」とをつなげることなくして、その世間では仮面を被って生きることを余儀なくされる私のような存在が、安らかに呼吸できそうにない。